手話による教養大学の挑戦

ろう者が教え、ろう者が学ぶ

斉藤くるみ［編著］

ミネルヴァ書房

まえがき

「ろう者の大学事始め」と題する市民大学講座を開催したのは、二〇〇八（平成二〇）年七月だった。研究者、弁護士、画家、翻訳家等、一〇人のろう者の講師が毎週金曜日の夜、日本手話を使ってリレーで講義をしてくれた。受講者のほとんどが社会人のろう者だった。あるとき、同時開催した「ろう者の高校事始め」という学習塾の生徒が、その講義を廊下の窓からじっと覗き込んでいた。大人向けの専門的な内容を、日本手話でよどみなく語る講師の手話に、我を忘れて見入っている高校生の姿に、私はこの子たちに日本手話で大学の講義を受けさせたい、と思った。その子は、我にかえった様子で名残惜しそうに、講師の手話に視線を残しながら塾の教室に向かって行った。

私は大学教育が好きだ。大学で学ぶということの意味を語れば誰にも負けないというほど、大学教育、特に教養教育に思い入れがある。一方で、情熱をもって教えても学生は必ずしも向学心に燃えた学生ばかりではないことも知っている。いつも熱心に授業に参加している学生が休講になれば大喜びするのを目の当たりにして、がっかりすることもある。我を忘れて廊下に立ち止まり、講義に見入る高校生の姿に、私はいたく感動したのだ。大学で学びたいのに学べない、そんな子どもがいるならば、どうあっても助けたいという思い、それは私の性なのではないかと思う。あれから八年、「ろう者の大学事始め」は正規の教養科目群となり、ろうの学生（他大学も含む）や社会人に経済学、法学、遺伝子生物学等を開講している（通称「手話による教養大学」）。

本書は、この「手話による教養大学」を立ち上げ当初から担当してきたろう者の教授陣と、それを熱い情熱で支援してくださっている日本財団の石井靖乃氏に、ご自身の専門領域の視点から手話による教養大学の意義を語っていただいたものである。

大学教育の中で、「多文化共生」の精神をろう者の大学を通して実現できているとしたら、この上ない喜びである。

二〇一七年一月

斉藤くるみ

手話による教養大学の挑戦——ろう者が教え、ろう者が学ぶ

目次

まえがき

第3章　ろう者が自らの「市民性」を涵養する権利と「日本手話」による教養大学……田門　浩　66

——法律学授業を題材として

序章 「ろう者の大学事始め」から「手話による教養大学」へ
──日本社会事業大学の挑戦

斉藤くるみ

1 「日本手話」を学ぶ権利・「日本手話」で学ぶ権利

二〇一一（平成二三）年「障害者基本法」改正で、手話は言語だと謳われるようになった。二〇〇六（平成一八）年国連で採択された「障害者権利条約」（政府訳「障害者の権利に関する条約」）はろう者が手話を学び、使い、ろう文化を守る権利に言及しているが、日本の批准は遅れ、二〇一四（平成二六）年一月二〇日付でやっと国連事務局に承認された。現在、日本の地方自治体の多くが手話言語条例を成立させ、手話を言語と認め、その普及を目指している。日本社会事業大学では二〇〇七（平成一九）年、すでに「日本手話」を語学の一つとしてカリキュラムに取り入れていた。そして、それを中心に据えたろう教育を専門分野とする教職課程を設置した。それはろう児が手話で学べることを目指したものであった。二〇〇八（平成二〇）年には「日本手話によるろう者の大学事始め」を開催し、ろう者の教授陣が大学レベルの講義をリレーで繰り広げ、その内容の豊かさ、レベルの高さ、人気の高さ、すべてがろう者を満足させ、聴者をも驚かせた。その後、それは法学、経済学、言語学等、それぞれ別々の教養科目として一学期一五回の独立した正規の履修科目となった。他大学の学生も単位互換制度で履修できるようにし、社会人も聴講できるように夜間や週末に開講してきた。ろう者は高等教育に至るまで母語である日本手話で教育を受ける権利があり、それは十分可能であることを日本社会事業大学は示してきた。本書はその軌跡を残すために書かれたものである。

また、日本社会事業大学は二〇一四（平成二六）年、日本初の「日本手話」を科目に入れた入試を実施した。さらに二〇一六（平成二八）年三月、大学院の修士論文を初めて「日本手話」で提出したろう者が修士号を取得した。日本語ができない海外からの留学生は英語で論文を提出してよいが、日本で言語と認められている日本手話を母語とする者が、日本手話で論文を提出することは認められないのはおかしいというのが、私たちの主張であった。以下、一九九〇（平成二）年に『ろう文化宣言』を書き、「ろう文化」ということばを日本のアカデミズムにも吹き込んだ木村晴美氏（日本社会事業大学の卒業生で、国立障害者リハビリテーション学院手話通訳科専任教官）より引用する。

「今後、ますますろう大学生が増えると思う。研究や論文に取り組む際の倫理を整備していかなければならないのではないだろうか。どちらも日本語が第二言語であるが、ろう学生と留学生は違う。留学生は勉強を目的にあえて自分の母語ではない言語を使う国へやってくる。しかし、ろう者は日本にいながら日本語が第一言語ではない人たちだ。ろう学生の第一言語である手話で論文を提出できる体制が整えばいいが、それまでは第一言語で述べたものを日本語に翻訳してもらって提出するシステムを了解してもらえるよう、大学側に働きかけていかなければならない。翻訳であることを隠して提出するなどもってのほかだ。」（木村 二〇一一：二五―二六）

日本手話と日本語の間の翻訳は、直訳したら意味不明、意訳をしても完全には正確に写しきれるものではない。外国語ならば必ず起きる問題であるが、音声言語同士の差異のみならず、日本手話の場合の問題はモーダリティと思考の関係にも起因するところがある。聴覚に頼るものの発想だけが正しいと考えるよりも、視覚に頼る人種の考え方もそのまま研究結果として受け入れてこそ、多様な発想を受け入れるということになるのではないか。

高度な論文を日本において日本語で書くことは、ろう者の研究者にとって必要なことであろう。それは本書を執筆したろう者の教授陣が皆日本語で執筆活動をしていることにも表れている。その分野で国際的に認められるには英語で論文を書かなければならないのと同じ構造である。それは学問研究が迅速に進むために共通言語があった方が格段に便利であるからで、そのためには多くのマイノリティー言語話者がマジョリティー言語を使うのが最も合理的であるというだけのことである。社会正義にかなうかどうかとは別問題である。あらゆる分野において、あらゆる言語が瞬時にコンピューター翻訳できる時代が来れば、共通言語は不要になるかもしれない。

2　大学教育におけるマイノリティーの価値

テクノロジーの発達により視覚言語である手話で出版することは可能になった。実際ろう者たちは手話の詩や語り、手話による講演、ろう者劇団の演劇等をＤＶＤや youtube の動画で日常的に楽しんでいる。「ろう者の高校事始め」から始まったろう者のための大学進学塾では、現在動画も発信している。

外国の手話同士、あるいは音声言語と手話でも、簡単に翻訳ができるテクノロジーがいずれ開発されるであろう。それまでは、できるだけ互いの言語を尊重しながら、多言語環境では通訳士・翻訳家に活躍していただくしかない。

私たち日本人聴者はいつでも日本語で話し、聞き、学んでいることを当然と思っている。その当然のことをろう者ができるようになるには、長い道のりがあった。日本手話による教育の未来は、ろう者の未来である。そして聞こえる日本人が日本語で学ぶのと同じように、日本のろう者が日本手話で学べるようにすることは、まさに、①博愛の精神に基づく社会貢献、②社会福祉の理論を窮めた社会福祉実践、③異なる文化、異なる民族、異なる国籍の人々と共に生きる社会の創出、という日本社会事業大学の建学の精神そのものだ。

これらを実現するには、マイノリティーに気づき、その立場や思いを理解できること、国際社会で、あるいは日本の社会で、マジョリティーが力を持っていることに鈍感にならないことが必須である。その意味で大学教育としての「日本手話」と「ろう文化」は聞こえない学生の権利を守るだけではなく、聞こえる学生、特にソーシャルワーカーや教師を目指す学生に最も効果的、かつ必要な教育なのである。

本書は著者のほとんどが「手話による教養大学」を実現してきた教授陣であるが、「日本社会事業大学聴覚障害者大学教育支援プロジェクト」の生みの親である石井靖乃氏と私だけが聴者である。本書において、私たちはマイノリティーである。私たち聴者はろう者のための大学を、マイノリティーの目から論じたい。「日本手話」や「ろう文化」の大学への導入が、大学教育の真髄を実現することを主張したい。最も理解しにくいモーダリティーと認知の違う世界を理解することへの挑戦は、未知と無知を自覚させ、好奇心・向学心を掻き立て、真理を知る喜びを与える。

「日本手話」や「ろう文化」を通して、聴者は想像もしなかった音のない言語を知り、音のない文化を学ぶ。そして、人のコミュニケーションの本質や、モーダリティーによらない言語の普遍的な実態、そして人間の文化・文明の意味を知るのである。

本書の第Ⅰ部は、「手話による教養大学」の意義を論じている。第1・2章では私が、大学教育に「日本手話」とろう文化を導入することの意義を述べ（第1章）、学際領域としての手話研究のリベラルアーツ教育への貢献を語る（第2章）。第3章では田門浩弁護士が、ろう者の権利と手話による高等教育の法的な意味を論じる。第4章では、上記石井靖乃氏が、国際的視野で手話言語権について語る。第Ⅱ部では「手話による教養大学」を読者の皆様に体験していただきたい。社会福祉学の高山亨太氏（第5章）、心理学の中野聡子氏（第6章）、経済学者であり、手話言語学者で、ろう者の大学事始めの生みの親の一人である森壮也氏（第7章）、分子生物学者で、ろう史研究家でもある末森明夫氏（第8章）が執筆しているが、いずれもこの教養大学立ち上げ当初から教鞭をとって下さっている方々である。森氏は日本手話学会前会長、末森氏は現会長でもある。

本書を読者それぞれの立場・視点で読んでいただき、さらなる議論が活性化し、新たな視点、新たな研究につながることを期待する。

第Ⅰ部　「手話による教養大学」はなぜ必要か

第1章　ろう者のための「手話による教養大学」
——言語とアイデンティティー

斉藤くるみ

1　ろうのアイデンティティー

毎年「ろう文化」という授業の履修者に、ろうの学生がいる。彼らは、夜間「手話による教養大学」を何科目か受講しながら、昼間は聞こえる学生とともに学んでいる。四月に「ろう文化」を開講し、六月ぐらいになると、ろう学生からのコメントに「親に補聴器をつけていなさいと言われて育ったけれど、本当は静かな世界の方が好きだ」というようなつぶやきが見られるようになる。中には「自分らしく生きるためにもう補聴器をつけない」と言い出した学生もいる。七月の初め頃、「私は、親にどうして私だけ聞こえないの、と責めたことがある。でも今はろう者に生んでくれてありがとうと言いたい」というようなコメントが返ってくるようになる。そのたびに、私は感動して泣いてしまう。自分が自分であることを誇らしく思う姿ほど、人間の尊厳を感じさせるものはない。

現代の日本においては、多くの聞こえない大学生が、聞こえる人の中で育ち、アイデンティティーの確立に苦しんでいる。本章では、彼らにとって「日本手話」が、そして「日本手話」で大学の講義を受けることが、どのような意味をもつのかを、「手話による教養大学」が生まれ、発展してきた経緯を振り返りながら、述べたいと思う。

2　ろう文化の中核「日本手話」

アメリカでは、「アメリカ手話」が高等教育において外国語として選ばれる言語の第三位になった（Goldberg, Looney & Lusin 2015）。一位はスペイン語、二位はフランス語、アメリカ手話に続く四位はドイツ語、五位はイタリア語、六位が日本語、七位が中国語である。アメリカ手話は二〇〇二年には五位、一九九八年には一〇位だった（ibid. 2015）。アメリカにはろう者のための総合大学ギャローデット大学もある。

日本では日本手話者が外国語話者、あるいは少数言語話者であるという認識は非常に低く、外国語科目として日本手話を置いているところはごくわずかである。日本社会事業大学では二〇〇七（平成一九）年度に「日本手話」を語学科目として選択必修科目とした。それは障害者基本法が

図 1-1　「ファックスが壊れた」

ファックス　　壊れる　　指さし

出所：斉藤（2007：28）。

図 1-2　「ファックスを壊した」

ファックス　　壊れる　　指さし

出所：図 1-1 と同じ。

改正されて手話が言語であると明記される二〇一一（平成二三）年より三年前であった。その後二〇一〇（平成二二）年、日本社会事業大学の特別支援学校教職課程では、「日本手話」を必修の語学科目とした。また二〇一四（平成二六）年度からは入試にも導入した。

日本手話は、その発生を正確にたどることはできないほど、昔から日本にあったろう者の自然言語である。その自然に発生した言語、しかも日本で最大の話者数をもつ少数言語を、大学で外国語科目と認めることは、日本社会に無視されてきた「日本手話」を一言語として日本社会に認知させることでもあり、ろう者の言語権を守ることでもあった。その後、手話言語条例の制定

図 1-3　日本手話

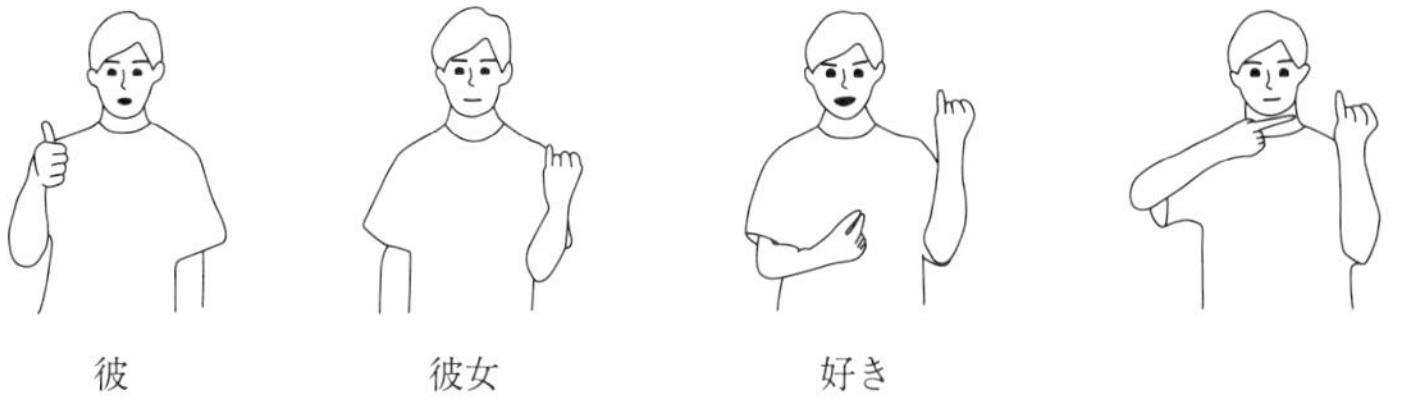

出所：長南（2005：3）。

図 1-4　日本語対応手話

出所：長南（2005：3）。

など手話を尊重する動きは高まっている。本書の主役たるこの「日本手話」が、日本語からみてまったく外国語であることは、以下の例を見ればよくわかる。たとえば「ファックスが壊れた」という文と「ファックスを壊した」という文は図1-1・2のように違う。

また「彼は彼女が好きだ」という文を「日本手話」と「日本語対応手話」で表すと、「日本手話」は一瞬で表せるが

「日本語対応手話」では時間がかかる（図1-3・4）。

U・ベルージとS・フィッシャーの実験によると、短いストーリーを「アメリカ手話」と英語対応手話で表すと、後者は前者の二倍の数のサインで表すことになり、時間も二倍かかるという（Bellugi & Fischer 1970）。その理由は、音のない世界で自然に発生した「アメリカ手話」には前述の「日本手話」で示したような指さしを使った文法があったり、さらに視線や眉上げや首を振ることなども文法に使われるからである。たとえば、「日本手話」で「彼女が来た」という文を表すとき、「彼女」を表す小指を自分の方に近づけながら、その小指を見れば、彼女が来たのを見たという意味になる（市田　一九九七）。「アメリカ手話」は「日本手話」とはまったく違う別の手話であるが、このような手話独特の性質には日米の手話で共通性がある。

ろう者が自然に生み出した手話は、手や顔や姿勢を言語記号化した、極めて能率のよい視覚記号であり、音声言語とはまったく構造が違う。したがって、このような手話を習得することは、聞こえる日本人にとって英語や中国語などの外国語と同様、あるいは外国の言語以上に難しい。

このようなろう者の独特な手話を中核とするろう者の文化を、ろう文化と呼ぶ。

3　「手話による教養大学」設立の背景

（1）「ろう者の大学事始め」と日本社会事業大学の伝統

「ろう者の大学事始め」は、各界で活躍するろう者がリレーで講義をする市民講座であった。受講生としてはろう者と、日常的に日本手話を使っている人（たとえばCODA、つまり親がろう者である人や、手話通訳士等）を想定し、日本語への通訳はつけなかった。広範囲な宣伝はできなかったが、あっという間に定員の四〇名を超える受講希望者が殺到し、一〇週間、毎週金曜日の夜、仕事帰りのろう者が集まって、熱心に授業を聞いてくれた。「熱帯びた『日本手話』での講義――母語で学べぬ痛み共感」という見出しで「毎日新聞」にも報道された（二〇〇八〔平成二〇〕年七月二日付朝刊）。自然科学や法学、美術など、いろいろな分野の講義を提供したが、その内容のレベルの高さ、豊かさ、プレゼンテーションの上手さ、そして受講生の熱心さには毎週感動した。その年、アンコール講座も実施し、次の年は「ろう者学」をテーマに開催したが、初年度とはまったく別の講師たち一〇名が、リレーで講義をしてくれて、ろう者の学識者の層の厚さには大学の同僚たちも感心していた。

この市民講座と同時に「ろう者の高校事始め」と称して、短期の塾を開催してみたら、ろう・

難聴の高校生が八名ほど集まり、そちらは大学生たちが個別指導に近い形で教えてくれた。終わりの時間になっても一生懸命問題を解いている高校生の姿に、一般の高校生の親御さんたちには羨ましい風景だろうと思ったものだ。

そんな単発の企画が、現在大学の正規の授業となり、あるいは総勢三〇名の生徒を抱える「ろう・難聴高校生の学習塾」となっているのは、日本財団の支援による「聴覚障害者大学教育支援プロジェクト」が始まったからである。本書の著者の一人、日本財団の石井靖乃氏の聴覚障がい者への熱き想いと、日本手話という言語への深い理解のおかげで、聴覚障がい学生支援に手厚い助成をしていただけるようになったのである。そのおかげで、日本社会事業大学は大学で学ぶ聴覚障がい者にとって現在日本で最善の支援をしていると自他ともに認めるところとなった。

それまでにも日本社会事業大学では障がいのある人が入学すると、教員・職員・学生が一丸となって、できる限りの支援を目指そうとする伝統があった。年配の卒業生に会うと、自分が在学中に仲間であった障がいのある学生の話を熱く語ってくれる。寮の階段にリフトを付けたとか、点訳する機械を大学に買ってもらったとか、思い出を語ってくださるが、「毎日が実習だった」「福祉の道に進むのにあれほど勉強になったことはなかった」とのことで、障がいのある学生の支援であると同時に、共に生活し、共に学ぶ教職員や学生にとって、大きなチャンスだったことがわかる。それは今も変わらない。障がい者の支援に携わることは福祉を学ぶ者、福祉を教える者にとって、いや、そうでない人々にとっても、学びのビッグチャンスなのだと思う。それは自分と違う何かをもつ人々と接する異文化体験だからである。

⑵ マイノリティー言語との出合い

実は私も学びたいのに学べない時代があった。病弱で高校生活も続かず退学し、その後当時の「大検」を受けて国際基督教大学（＝ＩＣＵ）に入った。そこではいろいろな国の先生や学生がいて、ある時には私はことばが通じない障がい者となり、ある時にはことばが通じない人に配慮をする者となった。異文化・異言語は障がいであり、障がい者のいる社会は多様性豊かな多文化社会であるという感覚はこのときに築かれていたのだと思う。

違う世界に生きる人と共生することは、新たな世界を体験するチャンスである。そして英語という世界共通語を日本とイギリスで当たり前のように使ってきた一二年間の私の大学生・大学院生時代は、英語という「パワーの言語」の中の少数言語話者日本人として生きた一二年間でもあった。私はいつの間にか数だけに限らない「強」「弱」で、マジョリティーとマイノリティーができるのが人間の社会であり、国際世界である、というものの見方をするようになった。言語研究を人生の目的としていた私は、いつのまにかそのような考え方になっていたのである。英語主導の国際社会、日本語話者主導の日本社会、聞こえる人主導のこの世界、構造的にはとてもよく似ている。

イギリスから帰国し、博士号を取得した翌日（一九九〇〔平成二〕年七月一日）、私は日本社会事業大学の教員として初めて大学の教壇に立った。そのクラスに聴覚障がいのある学生がいた。古文書に魅せられて言語の歴史的変化を追求する私の人生が、その一日で大きく変わった。英語学を学ぶときも、言語の歴史を研究するときも、それまでとは違う視野・視点で考えるようになった気がする。言語を、いや世界をもっと広い視野で、豊かな視点で見られるようになった気がするのである。

その学生は、「聞こえないので、はっきり口をあけて話してほしい」と言う。はっきり口をあけて話せば英語がわかるのか、そんなはずはない、と私は直感した。その学生はあまりわからなくても仕方がないと思っている様子だった。「どうしたらいい？」と一緒に考えようとすると、「ご迷惑をおかけして申し訳ありません」と言うその女子学生。彼女が謝るのはおかしなことである。結局前の席に座ってもらって、大き目のホワイトボードで書きながら授業をし、ＯＨＰでテキストを映しながら説明し、ときにはほかの学生に筆談だけで説明することに付き合わせたりした。おもしろい体験に私の好奇心はますます活気づいた。リベラルアーツ育ちの私は、ここですでに聞こえない世界に興味をそそられ、おそるおそる足を踏み入れていたのだと思う、しかし英語はもともと音の言語である。本当に発音はどうでもよいのか……などとすっきりしない思いもあった。悩んでいた私に母校の大学院で手話言語学を研究していた後輩の原大介氏（現・豊田工業大学工学部教授）が、「面白い人を紹介するから会ってください」と飲み屋に連れて行ってくれた。そこで会ったのが森壮也氏だった。森壮也氏（現・アジア経済研究所）こそが、その日から約二〇年後、聴覚障害者大学教育支援プロジェクトを立ち上げようとする日本財団の石井氏に「日本社会事業大学の斉藤にやらせるのがよい」と言ってくださったというわけである。

初めて森氏に会った夜、原大介氏が通訳をしてくれて、聞いた（見た）手話による手話の話はただただ面白く、言語学専攻の私はまったく素直に手話が言語であることを実感し、疑わなかった。音のない言語がある！　それを目の当たりにした私は、またもう一つ、私の生きられない世界に生きている「外人」と仲良くなれた喜びを感じた。リベラルアーツ育ちの外国好きと好奇心にとっては森氏は魅力の塊だった。

森氏は当然本書の著者の一人となっているが、今思えば、手話や「ろう」について初心者の私が一夜にして最大限のことを理解できるように、しかも魅せられるように話をしてくれた。「雪がしんしん降る」という文章を読んで育った自分が、雪は降る時しんしんという音を立てながら降るものだと思っていたなどと、音のない世界について教えてくれ、手話についても、あるいは学生時代どうやって英語を学んだかについても話してくれた。私も自分の言語研究や古英語教育への思いを話したように思う。それを原大介氏が通訳してくれたことで、互いに外国語を話す二人のコミュニケーションがとれていることを実感し、日本のろう者の手話は他の外国語とまったく同じように私の中で認識された。まさに百聞は一見にしかずである。

かくして私は言語には、大きく分けると、音のない世界で生きるろう者が自然に生み出した、立体的な構造をもつ視覚言語と、時間とともに一瞬で消える線的な構造をもつ音声言語の二通りあることを文字通り一夜にして実感した。もちろん音声言語を文字という視覚記号にすることはあるけれども、それは二次的なもので、どの音をどのように表すかという、音ありきの決まり事にすぎない。音声言語の音を完璧に文字に転写することは不可能である。手話ははじめから音のない世界で生まれたもので、視覚情報のみで完成しているのである。

こんな手話が、なかなか言語と認められないのは、手話者が少ないというのが唯一の理由である。文化人類学者ノーラ・エレン・グロースの『みんなが手話で話した島』で語られているマーサズヴィンヤード島のように、ろう者が多ければ、聞こえている人も手話を話すようになるし、言語ではない、というような発想は起きない（グロース 一九九一）。もちろんマイノリティー言語というのは、マジョリティーから、単純なのではないか、とか表現力が乏しいのではないかとか、学問に堪えないとか、根拠のない偏見をしばしばもたれる。手話の場合、聞こえる人でも簡単に使うジェスチャーに物理的に似ていること、障がい者が使うものであること、など偏見をもたれやすいということもある。しかし、そもそも障がい者が根拠のない偏見をもたれることも、人数が少ないからでもある。もしも、ろう者ばかりの空間があれば、何かの合図等、音による情報は意味がないのである。マイノリティーはマジョリティーの作った環境の中で不便を強いられて生きているのである。その中でろう者は多くの行動に不自由がないため、音による情報がキャッチできないという不便さを気づかれずにいる。特に大学という講義を聴くことが主な活動である場所では、極めて不便なのであるが、そのことにはろう者に出会わない限り私たちは気づかない。気づかないで聞こえる人が環境を築いておいて、聞こえない人が不便だというと、たとえば大学で学びたいというと、聞こえないのだから大学など行っても無駄だと平気でいう。親や教師ですらそういって進学を断念させる人は多い。マジョリティーの傲慢である。

ろう者の理解は、まず日本手話が言語であること、ろう者が日本語と別の言語をもつ人々であるということの実感から始まるのである。

(3) 日本の大学と二つの手話

しかし、人は音を使わず視覚的な記号のみによる完璧な言語を生み出すことができることを知った衝撃と同時に、もう一つの衝撃を私は受ける。多くの聞こえない人は、手話ができないということである。手話は蔑視され、禁止さえされた時代があったということを初めて知ったのである。そのときの私の急務は音のない世界に生きる学生に英語を教えるということであり、私が教えるその学生は手話を話さなかった。彼女は現在は手話を使っているが、当時は話す人の口を読んで、自分も声を発して話していた。それは大変なことだと言語学を専門とする私にはよくわかった。

高学歴の聞こえない人は手話を使わない人が多いこと、そしてそれは日本語を聞いて授業を理解すべき学校というものを生き延びないと、大学に入ることが極めて困難だからであることを私は知った。一方「日本手話」を母語とする人は学校で日本語という「外国語」を、しかも多くの場合、口の形を見ることだけで理解しなければならず、日本の学校教育の中での受験勉強には著しく不利であるため高学歴の人は少ないということを知った。手話を知らず大学生になった聞こえない学生は他大学の聞こえない学生たちとの連帯から手話を話すようになる人も多いが、それはろう者の手話から単語を借り、指文字を多用しながら、日本語を漢字とかなで表すのと似たような仕組みで表す「日本語対応手話」であり、ろう者が自然に生み出した「日本手話」との関係はやはり外国語である。

そして最後の衝撃は、この二つの別の手話を話す人たちの間にしばしば対立があるという事実であった。この対立に巻き込まれたくないと当時の私は思ったし、実は今も思っている。聞こえる人主導のこの社会で、日本手話者であれ、日本語対応手話者であれ、不利益を被っていることは間違いないし、その中での二者の対立は少なからず、聴者がろう者の日本手話を公式な場で禁じたり蔑視したりしてきたこと、教育言語と認めてこなかったことに原因があるからである。対立をどうこうしようとする資格は私たち聴者にはない。まして対立するな、などと上から目線で言えた義理ではないと私は思うのである。

もしもろう者を尊重し、聞こえない子どもが生まれたら、すぐに「日本手話」を話す人と接触させることができれば、あるいはせめて学校に上がったら手話で話すろう者の先生がいるというのであれば、子どもたちは日本手話者になるのである。親もろう者であれば苦労せず子どもは日本手話者になるが、ほとんどの聞こえない子ども（大雑把に言えば一〇人に九人と言われる）の親は聞こえる親である。したがって自然に日本手話を覚えることはない。このことはどの国でも同じである。そしてついに二〇〇六年、国連は障害者権利条約で聞こえない子どもが手話を獲得する権利があると謳った。しかし日本は二〇一四年まで批准しなかった。

聴こえない子どもが生まれたら親が手話を覚えることは当然、という国もあるが、日本ではまだそういう親は多くない。大人になって、聞こえない子どもをもったからといって、あわてて手話を覚えても「日本手話」は獲得できない、という問題がある。そのような大人の手話は、たとえろう者に「日本手話」を習っても、日本語対応手話に近いものになる。しかし、それでも聞こえない子どもはろう者に接触すれば、親に習った手話をどんどん日本手話化させていく。もしも障害者権利条約に従って、ろう児が手話を獲得しながら育つならば、日本手話の方が優勢になるのである。これにはろう者の先生を養成することが一番早いのである。しかし先生になるには、大学に入らなければならない。大学に入るには「日本語で」入試を受けなければならないし、大学に入ったら日本語が聞こえなければ、授業の理解ができない、というわけである。この状況をなんとか、どこかで打開するには、①日本手話者でも不利益なく大学に入学できること、②入学できたら日本手話でも授業が受けられること、③教職課程を作って、ろう者の、あるいは日本手話のできる教師を養成すること、が必要である。実はこれを③、②、①の順番で実現したのが日本社会事業大学なのである。

（4）外国語としての「日本手話」

日本手話者は小さい頃から「日本手話」で育たないと、それがうまく使えないことを実感しているので、自分たちの「日本手話」に誇りをもち、日本語対応手話者を手話の「下手」な人と見てしまう。しかし一般社会では「日本手話」が推奨されなかったために、日本手話が話せる人はごくわずかである。親もろう者であるろう者とか、親はろう者でなくても、幼い頃に日本手話を話す人と出会い、日本手話を見ながら育った人ぐらいしか日本手話者はいないのである。親もろう者であるろう者というのはろう者一〇人に一人程度であり、最近ではろう児に生まれたら、すぐにろう者と接触させて手話を母語として獲得させようとする親も増えてきているとはいえ、私がろう者と出会った当時、つまり一九八九（平成元）年頃には非常に少なかった。一方、日本語対応手話を話す人たちには、日本手話者が「日本語の下手な人」に見えてしまう。彼らには長い歴史をもつ「日本手話」をしばしば語彙を十分もたない不十分な言語とみる人もいる。それはマイノリティー言語話者に対し、マジョリティーが自分たちの言語の方が豊かで、知的であり、マイノリティー言語話者では十分な教育は受けられないのは当然だと思い込むのと同じである。実際、日本手話は高等教育から排除されていたために、最先端の語彙をもたない。それは日本語がコンピューターに関する言語をもたず、カタカナでそのままアクセスとかアップとかアプリなどと英語を使うのと同じである。

もちろん言語学を専門とする私が、「日本手話」という、音と無関係の自然に生まれた手話に魅せられたことは事実である。だからといって、日本語対応手話を使う人を批判する気にもなれない。日本語対応手話は常時使っていると手話らしい特徴をもった「日本手話」に似てきて、「中間手話」などと呼ばれるものになることもあり、英語をベースにしたピジンやクレオールのように英語を母語とする人からは蔑まれるけれども、それが生活言語になっていくうちに、英語の変種から新たな言語になっていく例もあるのとよく似た現象が起こることも言語学者としては実感できる。『少数言語としての手話』（東京大学出版会）という本を書いたとき、そのようなことを考えながら書いたが、しかし、まったく音のない世界で、ろう者が自然に生み出した手話に対する言語学的な驚きと敬意は隠さなかった。そのことを日本手話帝国主義などといってオンライン書店に嫌がらせを書き込む人もいた。

私は「日本手話」が日本語と言語学的に関係ない言語、つまり私たち日本語話者にとっては外国語であることから、語学としての「日本手話」を大学のカリキュラムに入れようと思った。「日本手話」は外国語であるという認識が必要だと思ったし、実際福祉や教育の現場で必ず役に立つと思ったからである。一方、日本手話者が、母語で学べないために損をするのは、多くの旧植民地で支配国の言語で教育が行われれば、現地の言語を母語とする子どもが損をすることで実証済みである。旧植民地では、大学教育は英語（あるいはフランス語やスペイン語）で行われることが多く、家庭で親が使うことばがその土地の言語であれば、当然不利益になるし、そのような子どもたちは、外国語の才能だけで、大学に入れるか入れないかがかなり決まってしまう。これは口《こう》話《わ》教育の時代、口話（読唇と発話）の能力だけで、優秀な子かそうでないかが決められてしまったのに似ている。

「日本手話」を母語とするろう者は日本語を母語としないだけでなく、物理的に聞こえないのだから、日本語での授業を聞けと言われれば明らかに不利であるし、日本語対応手話の人に比べて日本語の読み書きも外国語を読み書きするのに近いのである。「日本手話」で学べることはろう者の権利を守るために必須なのである。

そのようなわけで、外国語科目として「日本手話」を置き、「ろう者の大学事始め」を開催したのである。日本語対応手話の話者たちは、言語学的に言えば「日本語」話者であり、日本の学校・大学の授業が聞こえないという物理的不利益はあるものの、言語学的には、授業は母語で行われているのであり、教科書の日本語は彼らの母語である。したがってパソコンテイク等で、すべて文字にすれば、外国語で学ぶような困難はない。もちろん音が聞こえる人に比べれば、イントネーションや強弱や間《ま》などが、聞こえない分情報は不足するが、まったく構造の違う外国語で学ぶという不利益と闘う必要はないのである。であるから「日本手話」による講義に意義があるのである。「聞こえないから手話」なのではなく、ろう者が母語で学べる大学をつくりたかったのである。日本財団の石井靖乃氏から大学での授業で情報保障、つまりパソコンテイクや手話通訳をつける支援に助成をいただくことになったとき、この「日本手話によるろう者の大学事始め」について話したところ、石井氏が快くそちらも支援しようと言ってくださった。現在は本学のろう学生のほかにも、他大学のろう学生が授業を履修している。単位互換が認められている大学の学生には、自身の大学の単位と認められるのである。市民講座の時代からの社会人の受講生もいるし、学生も昼間はそれぞれ自分の大学の授業があるので、夜か週末に開講している。

（5）「日本手話」を大学の教育言語に――授業・入試・修士論文

日本手話者に「わかる授業」をということは当然大きな意味があるが、それだけではない。「日本手話」による授業は、蔑まれた歴史をもつ母語が、実は大学レベルの授業が十分行える立派な言語である、ということの証明でもある。また各分野に「日本手話」で生活しているろう者の教授たちがいるということは、学生・受講生の誇りでもある。そして自分も研究者になろう、先生になろう、弁護士になろうというような目標ができる、つまりロールモデルにもなっているのである。日本社会事業大学では、聞こえる学生とともに受講する音声言語で行われる授業にはすべて手話通訳やパソコンテイクなどの情報保障をつけているが、やはり、そういう環境の中では自ら質問をしたり意見を述べることは難しい。ろう者による授業では、直接コミュニケーションできることから、自由に質問したり、反応をしたりすることができる。学生・受講生にとっては何よりそれがありがたいという。

しかし、この「日本手話」による授業を受けるようになるまでが大変である。「日本手話」を母語とする子どもにとっては、大学受験に至るまで日本語という第二言語で勉強しなければならないし、入試もすべて日本語で出題されるのである。そこで「ろう者の高校事始め」の経験を活かして、「日本手話」で教える大学受験のための塾も開催するようになった。ネット上に立ち上げた「ろう・難聴の高校生のための大学支援」では、動画の授業を全国に発信している（これは三菱財団の助成で立ち上がった）。そしてそのサイトを拠点として、受験相談や心の相談にも応じられるようになっている。立ち上げ以来、本書の著者の一人である高山亨太氏がカウンセラーとして、あるいは社会福祉士・精神保健福祉士として協力してくれている。アメリカのギャローデット大学の講師になって赴任するまでは、塾の授業も担当してくれていた。

大学受験の不利益を緩和するための工夫として、二〇一四（平成二六）年から日本社会事業大学では入試に語学としての「日本手話」を導入した。これは日本で初の試みである。英語のリスニングテストの視覚版のようなもので、手話画像を流し、それを見て質問に答えるという形である。ろう者のために英語の得点の半分を「日本手話」に置き換えている。つまり一般の高校生は英語が一〇〇点分であるのを、ろう者には英語五〇点、日本手話五〇点を課しているのである。これも導入の際になぜ「日本語対応手話」は科目にしないのか、という質問があった。面接試験ならば、「日本手話」か「日本語対応手話」かどちらかを選ぶことが許されるべきである。実際そのように、通訳を自由に選んでもらっている。

しかし筆記試験については、そもそも音のない環境で行われるのであり、「日本語対応手話」を使っている高校生にとっては、言語学的にいえば、書記日本語による試験には不利益はないといえる。それに対して「日本手話」を母語とする高校生については、すべてを書記日本語という第二言語で受験することになるのである。聞こえる子どもが「国語」で点数をとれるように、ろう者も「日本手話」で点数をとれてもよいはずである。

さらに「日本手話」を入試の点数とすることは、不利益の解消以上のものがある。「日本手話」が国語・英語と並ぶ言語であることを入試において認めたことに意味があるのである。末森明夫氏は日本手話を入試に導入した時に、朝日新聞の取材に対し日本手話学会会長として「画期的な措置。日本語対応手話と混同されがちな日本手話が、単なる日本語の補助ではなく自立した言語であるというメッセージを送るもの」とコメントされていた（平成二五年七月二五日付夕刊）。

その後二〇一六（平成二八）年三月には、ろう者の大学院生が日本初の手話動画による修士論文を完成し、修士号を取得した。その二年前に、私はろう者の大学院生を受け入れ、日本語で論文を書かせ始めて、彼の日本語を私が正しい日本語に直すよりも、彼に日本手話で論文を作成させ、そのDVDに、手話のわからない教授たちのために通訳に訳させた日本語の付録をつける方が正しいやり方であると思った。その提案は意外にも教授会に受け入れられた。その時に、おそらく他大学ならば、手話で論文など作成できるのかとか、手話の画像が論文に値するのかとか、という議論になるであろう。前例はあるのか、などということになれば、文字のない少数言語で論文を提出することは永遠に認められない。ところが日本社会事業大学では、議論になったのは、日本語の翻訳もつけさせるとなると、締切を伸ばしてあげないと不公平ではないかとか、DVDでは劣化するかもしれないが、もっとよい保存方法はないか、というようなものであった。

　すでに日本社会事業大学は日本語と日本手話を教育言語とする大学になっていたのである。思えば外国語としての「日本手話」を科目にするのにも何年もかかった。最初は福祉が専門の教授たちに「それは援助技術だ。外国語とするのは無理がある」と言われたものだ。『日本手話』が外国語と認められて七年経っていても、「日本手話」を入試に導入するときは、学内の教職員や文部科学省を説得するのに苦労した。やっとそれが認められて三年経ち、学部にも大学院にも、いつもろう学生がいて、手話通訳士やパソコンテイカーが教室にいるのが当たり前という環境の中、「日本手話」での修士論文が受け入れられたのである。少数者の権利を守るには諦めずに主張し続けるしかない、と私自身学んだ。

「日本手話」を入試に導入することを文部科学省に認められた根拠に、この「手話による教養大学」の存在があった。卒業要件の半分ぐらいの単位数の科目がろう者の教授陣の日本手話による科目で満たされていたことは説得材料になった。入試の時に「日本手話」である程度の点数が取れる学生は入学後「日本手話」による講義が理解できるという目安にもなる。そしてこれを目指すことは「日本手話」を母語としない聞こえない学生にとっても、「日本手話」習得の動機になる。今年はインテグレーション（ろう学校ではない一般の学校に所属する）の高校生が「日本手話」を独学で学んで、「日本手話」を受験してきた。この入試を目指して「日本手話」を学んでいる高校生が増えているようである。過去問のＤＶＤがほしいという要望が増えている。日本語（日本語対応手話を含む）を母語とする聞こえない学生が「日本手話」に堪能になることは、彼らが将来的にもう一つコミュニケーション手段をもつという意味で間違いなく有利である。実際「日本語対応手話」しかできなかった学生も聞こえる人に比べると「日本手話」が読み取れるようになるのは確実に速い。

(6) アイデンティティー教育としての「手話による教養大学」――ろう者とCODA

このように約一〇年かけて、私たちはステップ・バイ・ステップに「日本手話」を大学教育に位置づけてきた。「日本手話」が大学における重要な言語である環境の中に入り、少しでも聞こえることを、そして音声言語を使えることを、何より重視されてきた聞こえない学生たちは、聞こえないことは問題なのか、という疑問をもつようになる。そして本章の冒頭に書いたように、人工内耳や補聴器を使って、少しでも音のある世界に適応しようと孤軍奮闘してきた学生たちも、自分は音のない世界で生きることが一番楽だと思うようになる。それは挫折ではなく、冒頭引用したように、ろう者に生まれた誇りとなる。もちろん、人工内耳で、ほとんど聴者と変わらなくなる人もいるかもしれない。しかしそのような学生は今のところ本学には入学していない。そのような学生はむしろ「日本手話」重視の大学を避けるかもしれない。

この聞こえない学生のアイデンティティーの確立を助けるのが、「日本手話」にあこがれ、「聞こえる」という「ハンディキャップ」を背負い、一生懸命「日本手話」を学ぶ学生たちのろう者に対する敬意である。彼らは「日本手話」をろう者の講師から外国語として学ぶ。そしていつの日か「手話による教養大学」を受講できるようになりたいと、ろう者に近づくことを目指す。私の「ろう文化」の講義や教職の「言語指導論」も、「日本手話」が主役である。教材としているDVDなどに知っている人が出てくると、授業のあと、さっきあそこに出ていた、あの人は僕が小さい時に同じ教室にいたことがある、などと、とてもうれしそうに話しに来るろう学生もいる。そして何より、本書の著者である弁護士や教授たちを見て、どんなに誇りに思い、自信をもつであろうか。聞こえる世界に順応させることに一生懸命になってきた親御さんたちからも、なぜろうの世界にわが子を入れたのかという不満は聞いたことがない。本当はわが子が「日本手話」の世界に入っていくことに少し寂しい思いをされている親御さんもいるのかもしれないが、生き生きと勉強する姿は嬉しいのだろうと思っている。

一部に親がろう者で最初から日本手話者である生粋のろう者の学生もいる。日本語対応手話を手話だと思っているサークルなどで、あなたの手話はわからない、ちょっと変だ（ときに間違っているという学生もいる）と言われて泣いた学生もいるが、「ろう文化」の授業でその事情がわかってくると、自分が希少価値のある人間であることに気づき、生き生きと大学生活を送るようになる。このような学生はもともと家庭の中でアイデンティティーを確立しているので、多くの聞こえない学生のようなアイデンティティー形成の困難は知らない。天真爛漫で本を読むのが好きな学生が多い。実は手話がうまいほど、音声言語の読み書き能力（つまり第二言語であるが）が高いということは証明されている。それはＷＦＤ（世界ろう連盟）のホームページなどにも誇らしげに書かれている。

もう一つの手話者に聞こえる手話者ＣＯＤＡ（Children of Deaf Adults）がいる。周りからは聞こえて、当然日本語ができて、手話もできていいね、と羨ましがられるのであるが、実は心理的に問題になることもあるので不安定になったり、悩んだり、時にはリストカットする子どももいる。自分は何者かがわからなくなるのである。聞こえているのに、親が日本語をうまく話せないために日本語が遅れたり、親とだけ手話で話し、外に出れば付き合いは聴者ばかりになるので、日本手話もうまくないと思い込んでいる学生が多い。小さい頃「ことばの教室」に通わされたなど、日本語にもよい思いを抱いていない場合もある。悲しいことに聞こえる子どもを聞こえない両親に育てられるわけがないと祖父母に引き取られ、ときどき家に帰るというような幼少期を体験した学生もいる。オーストラリアのアボリジニが子どもを「知的」で「清潔」にすると白人が連れ去ったという歴史を思い出してしまう。

ＣＯＤＡの学生は確かに話し方やふるまいが、聴者のマジョリティーと違うところがある。彼らの悩みは帰国子女やダブル（父親と母親の国籍文化が違う人）の学生の悩みとよく似ている。彼らもまた、日本語対応手話を話す人たちに手話が下手だと言われることがある。その上ろうコミュニティーには入れないために、ろう者ほど手話はうまくないと思い込んでしまっているところがある。親が無理にでも音声言語を使って育てたために本当に日本手話ができないCODAもいるが、多くは親が日本手話者であれば、そのCODAはネイティブサイナーになる。客観的にみると、ろう者と区別がつかないほど日本手話が話せているのに、本人は自分の日本手話は変だと思い込んでいる。つまり日本語も日本手話もうまくないし、自分はろう者ではないけれども聴者でもないと感じているのである。彼らにとって、ろう文化を学ぶこと（その中には必ずCODAという存在が出て来る）は貴重な経験であり、彼らもまたここで自分はCODAという存在であるというアイデンティティーを確立するのである。

このように日本手話で学べる大学は、ろう者やCODAに母語で学ぶ権利を保障すると同時にアイデンティティー形成にきわめて大きな役割を果たすのである。

次章では聴者にとって言語的・認知的・文化的留学となる「手話による教養大学」というものを考え、同時に学習者がろう者であれ、聴者であれ、共通に日本手話そのものが教養教育になることを示してみたい。

参考文献

市田泰弘（一九九七）「ろう者と視覚」日本記号学会編『感覚変容の記号論』（『記号論研究』一七）、七一－八六頁。

グロース、ノーラ・エレン／佐野正信訳（一九九一）『みんなが手話で話した島』築地書房。(Groce, Nora Ellen, (1985) *Everyone Here Spoke Sign Language*, Harvard University Press.)

斉藤くるみ（二〇〇七）『少数言語としての手話』東京大学出版会。

斉藤くるみ（二〇一二）「大学教育における『日本手話』の意義――リベラルアーツ教育・アイデンティティ教育からキャリア教育へ」『大学教育学会誌』六三、九六－一〇三頁。

長南浩人（二〇〇五）『手話の心理学入門』東峰書房。

Bellugi, U. & S. Fischer (1970) "A Comparison of Sign Language and Spoken Language" *Cognition* 1, pp. 173-200.

Goldberg, D., D. Looney & N. Lusin (2015) "Enrollments in Languages Other Than English in United States Institutions of Higher Education." (https://apps.mla.org/pdf/2013_enrollment_survey.pdf, 2016.05.30)

第2章　リベラルアーツ教育としての「日本手話」とろう文化

斉藤くるみ

1　キャリア教育としての「日本手話」

本章では、ろう者、聴者にかかわらず、大学生が「日本手話」について、あるいはろう文化について学ぶことの意義を論じる。特に聞こえる学生にとっての外国語、そしてろうの国への留学という視点で考えてみたい。

聞こえる学生にとっても、日本手話で講義が聴ける（読み取れる）ようになれば、もちろん有利である。「日本手話」を外国語として学ぶ学生にとっては、ろう者の教授陣による「日本手話」だけで行われる授業はまさに留学である。授業を理解するためには、まずは基礎的な「日本手話」力をつけなければならない。日本社会事業大学では、多くの聞こえる学生が「日本手話」を語学として履修している。特に特別支援学校の教職課程の学生には「日本手話」の初級・中級・

上級すべてを必修としている。そのことは、特別支援学校（ろう学校）で、「日本手話」を母語とするろう児が「日本手話」で教わるようになる可能性を秘めている。ろう児には聞こえる教員の口を読み取らせなければならないとする教育は、すでに日弁連により人権侵害であるとされているし、また国連の障害者権利条約でも聴覚障がいを持って生まれたら手話を獲得する権利があり、また手話コミュニティーの文化、すなわちろう文化を守ることを考えれば、ろう児に限ってはインテグレーションが最善とはいえないとされている。

もちろん言語学的に言えば、「日本手話」を母語とするろう者が教師として教えることが最も効果的ではある。当事者ソーシャルワーカー、当事者教師、それこそがこの日本財団のプロジェクトの目標であり、実際そのような当事者教員の養成も行っている。しかし、ろう者だけでは人数が少なすぎる。聴者でも「日本手話」に堪能な教師になれば大いに有効な資源となる。ろう者であれ聴者であれ、ろう教育の教師、あるいは聴覚障がい者のためのソーシャルワーカーになるには「日本手話」は必須である。つまりそれはキャリア教育である。

2　「日本手話」とリベラルアーツ教育

しかし、私がそれと同じかそれ以上の意義を感じるのは、リベラルアーツとしての「日本手話」教育である。「日本手話」を少数言語と認めることは、聴覚障がい者の権利を守るということ、差別解消ということ以上の意味がある。「日本手話」は日本で最大の話者数をもつ少数言語であり、日本語からみれば外国語である。そのことを認めることは聞こえる学生にとって、恰好のリベラルアーツ教育である。大学の語学教育は、その言語が使えれば便利であるとか、あるいはある分野を学ぶのに必要である、というような「手段」としての語学教育だけではない。教養としての語学、つまり自分と違う世界に生きる人の言語や文化を知ることこそがリベラルアーツである。

私はそのことを「大学教育学会誌」に投稿し、学会から賞をいただいた（斉藤 二〇一二）。すなわち「日本手話」の大学における意義は、ろう者がろう者であることを見つめ、聴者が聴者であることに気づく、アイデンティティー教育から、日本手話を活かした仕事に就くためのキャリア教育へ、そしてキャリア教育からリベラルアーツ教育へと昇華していくところにあるという主張である。「ろう者のための手話」を超えた、大学教育の中での「日本手話」の意義が大学教育学会に受け入れられ、評価されたことはこの上ない喜びであった。リベラルアーツ教育、それはすなわち自分と違う世界に思いを馳せることができる想像力を醸成する教育である。

手話は言語だと心から認めること、言語だと実感することは、音声言語しか言語だと思っていない多くの学生にとっては最高のリベラルアーツ教育である。ＭＲＩ、ＰＥＴ等の開発により、脳の活動が見えるようになってから、同じように手を動かしても日本手話者が「日本手話」を発している時と、ジェスチャーを表している時とでは、脳の動きはまったく違うことがわかった。前者の場合は「手による動作」なのに、音声言語話者がことばを発するときに働く左脳の言語野が働いている。これはつかめるもの、見えるものしかなかなか信じられない私たちの知性を刺激し、理性を磨く発見である。また「日本手話」を母語とする人たちの視線や眉上げ等の表情が、感情が表れる表情とは別の「言語記号」であることも、言語学的分析、脳科学的実験から明らかになってきた。人が声だけでなく、様々な方法を使って言語というものを具現化していることは、音声という手段と言語の本質とは別のものであることを教えてくれる。そして音声言語と手話とを比較対照していくうちに、その共通性から、言語の本質はより明確になっていく。

さらに一方で、意味のない、思わず上げる声から擬声語・擬態語、擬声語・擬態語から抽象的な無数の音声言語の単語およびそれらを組み合わせた文へと高度な言語性をもつようになる音声記号、他方で、ジェスチャーや顔の表情から、抽象的な無数の手話の単語およびそれを組み合わせた文へと高度な言語性をもつようになる視覚記号を並行させてみるときに、人がコミュニケーションを行う仕組みが言語という独特な高度な抽象記号に昇華されていく過程が見えてくる。つまり人間という社会的動物が、共にコミュニケーションをとりながら生きていくために、言語という高度な能力を獲得してきたことを実感することで、人間の本質が見えてくるのである。

もしも、このようなことがもっと早くわかっていたら、手話は、そして手話者は、こんなに長く、聞こえる人々から蔑視されたり禁止されたりしなかったであろう。人類は過ちを犯すし、真実を知るには時間がかかる。手話という言語を学ぶとき、未知の世界に足を踏み入れる心のときめきを感じ、手話を使って学べるようになるとき、語学習得の達成感を味わうと同時にろう者との異文化コミュニケーションを楽しむことができる。そして手話を通して言語の本質を知ることにより、あるいは手話を通して音や光の認知を考えることにより、学生たちは知性の真の意味を知るであろう。

大学教育の意味は、私にとって生きる意味とほぼ同義である。そんな私に、手話という少数言語との出会いは、大学教育の本質を改めて実感させてくれた。そして学生にも日本手話は大学教育の意義を実感させるために最適な題材を提供してくれた。「手話による教養大学」はろう者の言語圏やろう文化を守る「ろう者によるろう者のための大学」であると同時に、聞こえる学生や社会人にとっては、外国語を習得し、異文化を知り、さらに言語の本質を実感し、コミュニケーションする人間というもの、つまり自身を知る学びの場である。外国に留学することは、その国の言語・文化を学ぶと同時に自らの言語や文化を深く知り、自身を見つめることであるとよく言われるが、ろう者の国に留学することは、聴覚と視覚というモーダリティーの転換という意味で別世界に留学することである。

「手話による教養大学」はろう者だけでなく、手話通訳者など日本手話を使って生きている聴者や日本手話を学びたい学生が常に履修している。このことは一般の大学よりも多様な学生でクラスが構成されることを意味する。そのことが異文化体験であることも、大きな意味をもつ。聴者の多くはろう者の存在を意識もしないか、あるいは助けてあげるべき障がい者と思っているが、ろう者の言語を習得することに苦労し、ろう者の教授の話についていくために必死で勉強すると、ろう者への観方がすっかり変わる。ろう者や日本手話への尊敬の念をもつようになり、マジョリティーの優越感（実は根拠のない優越感）を自覚し、マイノリティーへのマジョリティーの偏見という普遍的な問題を意識するようになる。

ろう者による手話を教育言語とする大学は、少数言語話者「ろう者」の言語権・学習権を守る場であると同時に、聞こえる人にとっては、音声言語を当然のように使うがゆえに見えない、人間の本質を学ぶリベラルアーツの場なのである。

以下、聴者にとっての「日本手話」および「手話による教養大学」の意義を論ずる。

3　認知的外国語体験

外国語を学ぶ意義は、まず第一に、当然外国語のスキルを身に付けることである。しかし、外国語はどんなに流暢になっても母語のようにはならない。大学で外国語を学ぶということは、外国語を専門とする一部の大学以外では、必ずしも流暢になることを目標とするわけではない。運用能力も含めて、いわば教養の一部である。運用能力、たとえばフランスの文学・芸術・思想などを学ぶために、フランス語が必要であるというような、手段（ツール）としての語学力を身に付けることであったり、あるいはフランス語を学ぶことによって、フランスの文化や社会を知ること、さらには自身の言語・文化・社会をより客観的に見ることである。自分の母語とまったく違う言語を知ることは、知的なトレーニングであり、教養を深めることである。

母語というのは、乳幼児に特有な習得能力によって自然に身に付いたものであるので、あまりにも自然で客観的に分析することは難しいし、言語学者でもない限り分析する必要はない。したがって母語だけを知っていても、言語というものを知ることにはつながらない。外国語を知って初めて言語というものの本質がわかるのである。

「日本手話」を学ぶことは、手話通訳を目指すとか聴覚障がい専門のソーシャルワーカーやカウンセラーを目指す等、ろう学校の先生を目指すというような人にはキャリア教育であるが、そのような人々を含め、誰にとっても教養教育である。その目標はろう者やろう文化を知るための手段（ツール）としての日本手話力を身に付けることと、ろう者を理解し、聞こえる自分をより客観的に深く知ることである。日本人にとって日本手話を学ぶことは、同じ音声言語である英語やフランス語や中国語を学ぶより、モーダリティーが違うという意味でもっと難しい。しかし人間の言語能力が音と関係ないことを実感しながら外国語を学ぶことは、日本語以外の音声言語を学ぶよりもっと言語の本質がわかるという意味で、貴重な挑戦である。認知的外国語であるからである。

日本手話を学ぶことでろう者という障がい者を助けたい、と思う学生も多い。確かにそういう面もある。フランス語を学ぶことがフランス人を助けることになるという状況はそれほど多くないのに比べ、ろう者が音声言語たる日本語が聞こえないために不利益を被っている時に助けてあげる、ということは頻繁に起こり得る。しかし、大学でろう者の教師から「日本手話」を学ぶ時、いつかろう者を助けたいという発想からはだんだん離れていく。その理由は二つある。一つは、助けてあげるというほどの日本手話力にはなかなか至らないと悟るからである。そして、もう一つの理由は、語学を学ぶ時に感じる特有な劣等感と、教師に対する尊敬である。「日本手話」を母語とする教師から学ぶことでろう者を尊敬するようになるのである。自分が知らないことを学ぶ時に、教えてくれる人には尊敬の念を抱くのは当然かもしれないが、語学の場合は特にそうである。

英語がいわゆる国際語になり、国際社会で日本人も英語を話さなければならない状況が増えているが、英語を母語とする人は必要以上に優越感をもち、非英語話者は劣等感をもってしまう。

語学力がゆえに議論に負けてしまうこともあるし、実は内容的には負けていないのに、負けている気がしてしまうということもある。これが国際社会での非英語話者の被る不利益であり、国際社会の不平等・不条理である。

しかし、非日本手話者は日本手話者を障がい者とみなし、あわれみをもったり、過小評価をしていることが多いので、教師を尊敬し、劣等感を感じることは、偏見を取り去る上で最も効果的であり、不平等・不条理の解消になる。

4　第二言語から第一言語への「日本手話」教育

認知的外国語を習得した聴者は、聴者であることを自覚し、その意味に目覚める。しかし外国語としての「日本手話」を学ぶのは聞こえる学生のみではない。実は「日本手話」を最も熱心に学ぶのはもう一つ別の留学生、「日本手話」をまったく知らずに大学に入ってきた聞こえない学生である。前述したように日本の聴覚障がい者のほとんどは「日本手話」を知らずに育つのである。聞こえない子どもの一〇人に九人は親は聞こえるのであり、親が「日本手話」ができなければ、意図的に「日本手話」に接触させない限り、子どもは「日本手話」を獲得しない。ろう学校に行くようになっても、実は「日本手話」に接触することは少ない。ろう学校では手話で授業を行っていないというと、多くの人は驚く。しかし、長年日本のろう学校では手話を禁止してきたし、最近でも手話を積極的に使っているわけではない。先生がろう者で、「日本手話」ですべての授業を行っている学校は明晴学園（東京都の私立学校、第3章参照）だけである。それ以外のろう学校の先生が手話を使えるといっても、先生がろう当事者でもない限り、その手話は日本語に合わせて「日本手話」の単語だけ借用している「日本語対応手話」である。ろう当事者の先生は少ないし、聞こえない先生がいたとしても、その先生も手話で育った確率は低いのである。問題の根源は、かなり聞こえている難聴や日本語を獲得してから聞こえなくなった中途失聴の生徒を、同じクラス、同じ教師、同じ言語で教育しようとするところにある。そして難聴なのかまったく聞こえないかは医学的には二つにくっきり分ける線があるわけではないので、一〇人に九人の聴者である親はわが子を「難聴」のグループに入ると判断したがること、そのうち多くは人工内耳や補聴器を使ってゆくゆくは「聴者」にしたいと考えていることである。

先生が声でしゃべりながら手は手話の単語を示すことは、かなり聞こえる難聴の生徒にとっては助けになるけれども、まったく聞こえない生徒にとっては、日本語の語順で手話単語が並べられるのを見て意味を「想像」しているにすぎない。日本語が十分身に付いていればその想像は、日本語を聞いているのに近いであろうが、日本語が十分身に付くためには学校で日本語を学ばなければならないのであり、そのための国語の授業では、自然に日本語を身に付けてきた聞こえる子どものための教科書を使って、先生の言っていることとの意味を「想像」しながら見ている（聞いているのではなく）のである。したがって、多くの聞こえない子どもは、日本語を獲得することに苦労し、不完全な日本語能力のまま、先生の口を読み、あるいは聞こえる先生が手話と称する手の動作と口の動きを合わせて見て、どのような情報が与えられているかを想像するのだから、大変なことである。ろう学校の生徒の大学進学率が低いのは当然である。そこで聞こえない子どもの親には、ろう学校では進学できないと考えて、一般の学校に入れる親も多い。進学しやすい学校にインテグレーションすれば、先生の話は聞こえなくても独学、あるいは親や家庭教師に教えてもらうなどして、一般のレベルの学校の勉強についていくことができると親は考えるのである。その結果、大学まで進学できる聞こえない学生というのは、日本手話を知らない人が多いのである。

聞こえない学生は聞こえる学生に比べて、「日本手話」の上達は早い。聞こえないという性質をもった人々が生み出した視覚言語が「日本手話」であるので、聞こえない人には適正がある。とはいえ、大学生になってから「日本手話」を学んでも母語のようにはならない。聞こえないのに「日本手話」が流暢ではないということでコンプレックスをもつ学生が多いのも事実である。しかし「日本手話」が使えるようになり、聞こえないという自分の性質にアイデンティティーを確立するようになることは語学教育以上の意味がある。障害者権利条約ではろう者が手話を使うことのみならず、ろう者に生まれたら手話を獲得する権利があると謳っている。高校まで手話を習うことのなかった聞こえない学生は、大学に入って「日本手話」を学習するならば、初めてその権利が守られることになる。

5　学際領域としての日本手話研究

「日本手話」をろう者から学び、それを活かしてろう者の教養大学で学ぶ聞こえる学生や手話を母語としない聴覚障がいをもつ学生（難聴も含む）にとって、この教養大学で、学ぶことは留学である。ほとんどの受講生が日本手話者であり、教授陣もろう者である授業に参加することは、マイノリティー体験でもある。

私は「手話による教養大学」設置以前から「ろう文化」という授業を行っていたが、これは今では聞こえる学生のろうの国への留学準備の授業でもあるのである。英語圏への留学で言えば、英語を学び、次に英語学や、英語圏の文学や芸術、歴史、政治的・社会的問題等を扱う授業を履修してから出かけるのと同じである。

この授業のリベラルアーツとしての価値の所以は、つとに手話研究が学際領域として、はかりしれないほど豊かな知識・視点を提供してくれることにある。リベラルアーツとは人類が真理を追究することであり、あらゆる真実を少しでも知り、考え、解き明かすことである。自分自身が直接触れていることだけを知り、考えていても、真実を知ることは極めて難しい。日本を中心にした地図だけながめていても、世界について知ることには結びつかない。それどころか日本が中心であるような誤った感覚をもってしまう。南半球の国の地図を見ると日本の形は自分が思っていたのとは全く違った形に見えるかもしれない。新たな真理をみる時に、人は謙虚になり、自分は広い世界のどこにどのように立っているのかがわかってくる。そのような豊な知識や思考が、初めての事象や事態にふれた時に、それらを正確に把握し、どう行動するかを判断し、実行できる能力を育てる。多様なものに接し、自分が知らないことが限りなくあるのであるということを知れば、初めて出会うものにも恐れず、受け入れ、関わっていく力が身に付くのである。

思いもよらなかった真実に出会ってこそ、人は知的な喜びを感じ、視野を広げ、柔軟な知性をもつようになるのである。そして自分自身の周りの事象や価値観だけに縛られている状態から自由になる（リベレイトされる）のである。まさに真理は我らを自由にするのである（新約聖書の「真理はあなたたちを自由にする」（Η ΑΛΗΘΕΙΑ ΕΛΕΥΘΕ ΡΩΣΕΙ ΥΜΑΣ　ヨハネによる福音書八：三二に由来する）。

（1）「日本手話」の言語性の証明と「母語」の定義

リベラルアーツ教育としての第一の視点は、「日本手話」という言語そのものの客観的分析である。日本手話自体の構造を知ること、あるいはそこからさらに人間のコミュニケーション能力や、言語能力というものを知ることである。

手話は一見するとジェスチャーと変わらないように見える。これが世界中で手話を言語と認めてもらうのに時間がかかった原因である。現代言語学において、言語とは音声と意味をつなげる規則の体系であると専門家も信じていた。手話が言語であれば、言語の定義自体を変えなければならない。実はそうなったのである。

人間が信じてきた、何かの定義や学問の大前提が、時に覆ることがある。これは学問の醍醐味でもある。いかに真実らしく見えることでも、それが誤りであることが明らかになることがある、これは大きな学びである。人間の能力の小ささを感じ、知らないことがたくさんあることを悟ることは、知的好奇心の原動力になる。

言語学者は、手話を研究対象にしてこなかった。しかしろう者たちが手話を中心とする自分たちの文化を主張するようになり、少しずつ関心をもつようになった。手話が表に出てくれば言語学者は言語というものを研究してきた直感から、手話が言語だと感じる。その直感とは何か。それは言語というものの性質を音声言語も手話も共有しているということである。表出するたびに、あるいは表出する人によって、毎回様々に変わるパントマイムやジェスチャーに比較して、音声言語や日本手話は、その規則を知る者は誰もが同じことを繰り返すことができる。つまり規則に縛られるものだということである。規則を共有しているからこそ表出されたものを他者が正確に理解できるのである。

その規則には多重の構造がある。最小の単位（音素＝Phoneme）が言語ごとに決まっていて、それを規則に従ってつなぎ合わせて「語」と認識する意味的な最小単位（形態素）をつくる。形態素を組み合わせて、文をつくる規則（統語論、一般的に「文法」と呼ばれるもの）もある。この重層的な規則を組み合わせることにより、無限の新しい事象や感情を「言語化」できるのである。手話を母語とするろう者同士が、音声言語話者と同じように事象や感情を伝えあい、議論をし、新しいアイデアを共に構築したり、手話を使って個々のろう者が物事を考え、理論を組み立てたりもすることは、音声言語話者と同じである。そう考えると、言語学者がまずやることは音素を抽出することであり、それを組み合わせる規則を見つけることである。実際手話言語学はそのことにかなり成功している。そして音がないのに音素という言語学用語を使っている。その他の文法の存在も証明し、それを「記述」できることが、言語である証となる。

日本語という音声言語と「日本手話」という手話を比較するとき、日本語は五〇音とかなり一致する音素をもち、それを組み合わせる規則が重層的に音素を組み立てて、文章にまで作り上げることができる。それ以外に音の高低や速さやポーズも意味に違いをもたらす。「雨」という発話も語尾の上げ下げで、断定になったり、疑問（「雨ですか」という意味）になったりする。物理的にまったく同じ発話をしても男性の声か女性の声か子どもの声かで受け手が感じとるものに違いがあるかもしれない。「日本手話」にも手の形、動き、位置等の音素があり、その上、表情や姿勢や視線もある。眉を上げるとか、首を振るとか、視線を動かすとかで、肯定か、疑問かなどの意味が変わる場合がある。つまり手をはじめ、いくつかの器官が言語記号として使われているのである。それを組み合わせて、無限の発話を作り上げることができる。その記号にははっきりと意味を変えるものと、ニュアンスを変えるだけのもの、あるいはもっと微妙な、受け手が感じるものに何らかの効果を与えるものがあるのは音声言語と同じである。

今の日本で厳密な意味で「日本手話」を母語とする人が少ないことをもって、「日本手話」というものを否定する人もいる。日本手話者が主張するように、「日本手話」で生まれ育ったものの手話しか真の「日本手話」ではないというのであれば、純粋な「日本手話」を話す人などほとんどいないのであり、「日本語対応手話」や「中間手話」を話す人の方が多いのだから「手話」というのはそのすべてを含むべきだ、という主張がある。「日本手話」は完全な言語であり、「日本語対応手話」や「中間手話」はそうではないという主張に反発する人は多い。「ろう文化宣言」への反発はそこにあったと思う。しかし、ろう者は「日本手話」というものが確固たるものだと感じ、自然発生した言語の完成形と感じているのである。そしてそれを完全には獲得できなかった人たちも、あるべき姿の「日本手話」を感じている。その理想の形が抽象的に定まっているのである。

長年、学校教育の中で「国語」のように「正しい日本手話」を教えたことはなかった。それでもなお、ろう者がこれがあるべき「日本手話」だと感じるものがある。その規則を言語学者は解き明かしたいのである。「日本手話」「中間手話」「日本語対応手話」は段階的になだらかにつながっている、という考え方がある。運用をみると確かにそうなのだが、それはA言語とB言語との間にできたピジン（異言語環境で生まれる単純な接触言語）の話者にAとBのどちらに傾いているかの違いが様々あるというのと同じ議論である。言語学的にはどうしても日本語と「日本手話」と二言語に分かれてしまうのである。言語学的にいえば「日本語対応手話」は日本語なのである。とはいえ、「日本手話」と混じる様はピジン研究としては面白い。

ろう者がすべて含めて手話という考えを嫌うのは、自分たちの言語・文化の独立性を否定されかねないからであろう。「日本手話」の言語性・母語性を独立して認めることこそが、マイノリティーの尊重であると私は思う。日本語対応手話を話す人たちの権利も尊重すべきである。その人たちも聞こえる人からみればマイノリティーである。そのことと、日本語とは別の言語である「日本手話」の独自性を尊重することとは、視点が違うのである。マイノリティー同士はまぜて同じものと考えてよい、というのは、それぞれを認めないことになるのである。どんなに人数が少なくても、自分たちがアイデンティティーをもつ言語・文化がある限り、それは独立して一つのものと認める、それがマイノリティーの尊重である。

次に手話ごとにどのような言語学的差異と共通性があるか、たとえば「日本手話」とアメリカ手話はどこが同じでどこが違うのか、というような研究も、言語としての日本手話を知ることには欠かせない。比較対照することにより、普遍性と固有性を明らかにすることは言語学の有効な手段である。それは言語学に限らない。比較対照することにより、一般化や分類をすることや、普遍性と固有性を明らかにすることは有力な学問研究の手段である。そしてこれは人類の知性ならではの行為であり、学問で生きていくものに限らず、よき市民であるためにも、よき親であるためにも、よきソーシャルワーカーや教師であるためにも、必要かつ有益な知的活動である。

(2) 手話の歴史的・地理的バリエーション

言語の研究として、応用言語学というのがある。たとえば、その言語のバリエーションを研究対象にすること、つまり同じ日本語でも方言差があり、年齢差があり、性別による違いがあり、あるいは何に使うか、ジャンルやＴＰＯにより日本語は変わってくる。日本手話にも同様に方言差があり、年齢差があり、性別差があり、用途による違いもある。規則とその逸脱、あるいはぶれを探ることは、言語研究に必要なことである。

言語は規則である。しかし数学と違って、その規則は時代とともに変化する。多くは「規則的に」変化する。日本語史、英語史というように言語が変わっていくことを追う分野はそのことに注目するのである。言語というのが生きていること、人々が言語を生み出す能力を持つがゆえに既存の言語はそのままの状態を保つのではなく、変えられていくのである。生きた人間が生み出し、使用し、変えていくのが言語である、ということを実感する。またその言語を知らない人、たとえば非手話者にとっては、感じない変化でも、母語とする人には大きな違いと感じられたり、古めかしいと感じたりするのも言語の特徴である。これこそが母語話者の能力である。

歴史言語学だけではない。地理言語学（方言学）も、言語にバリエーションができるからこそ存在する学問である。性別を含め社会的役割からできる言語のバリエーションも重要な学問分野である。その言語を母語とする人は自分とは出身地が違う人の言語に差異を感じることができる。敬語などというのも外国人にはわかりにくいが、母語とする人はその使い方により、無礼だと感じたり、非常識だと感じたりする。社会言語学、あるいは言語心理学として、それらは研究される。

（3）手話研究と言語発達

言語学と心理学との隣接分野に言語発達の研究がある。赤ちゃんはどのように言語を獲得するのか。手話を母語とする人はどのように手話を獲得したのか。聞こえる赤ちゃんと聞こえない赤ちゃんは、それぞれどのように言語発達を遂げるのか。これも興味深い視点である。音声言語の中で育つ聞こえる赤ちゃんは、数カ月で泣いたり笑ったりするのとは違う音声言語らしい言語を発するようになる。これをクーイングという。そして、そのうちその言語の音素を意味は理解しないままに発するようになる。これを喃語という。日本語環境にある赤ちゃんは「あっくん」というような音を発するし、英語環境にあれば babble というような音を発するので、英語ではバブリング（babbling）という。これとまったく同じ発達のプロセスを手話環境にある聞こえない赤ちゃんがたどる。聞こえない赤ちゃんは手のひらを開いた形、親指を外に出して結んだ形、親指を入れて結んだ形、そして親指と人差し指だけ立てた形の四種といわれる。これがだんだん発達するとアメリカ手話環境にあるろう児は一三種ほどの喃語（babbling）に発達させる。これはアメリカ手話が言語であることの証拠といえる。このことはどの手話でもだいたい同じであると考えられている（Pettito & Marentette 1991）。

そして、そのクーイングは、音声言語環境にある聞こえる赤ちゃんも表しているという。手話環境がないと手話喃語に発達しないだけのことである。つまりヒトは皆手話を生み出す、あるいは手話を習得する能力を持って生まれてくるのである。一方、聞こえない赤ちゃんも音声言語のクーイングを発する。赤ちゃんは声や手、全身でコミュニケーションしようとしているのである。これが言語に発達していくのであるから、言語の根源は、環境や認知能力にかかわらず、赤ちゃんが持ち合わせており、それをどのモーダリティーで発現させるかは、環境とその赤ちゃんの生理的状態によるのである。これは手話が言語である、ということの証明以上の真理を含む。

言語の発達過程に幼児語と育児語の関係が論じられることがある。音声言語の場合、何語でも大人とは違う赤ちゃんの発音があり、赤ちゃんに発音しやすい、あるいは覚えやすい単純で繰り返しの多い幼児語というものがある。たとえば日本語の「わんわん」や「あんよ」などである。そして幼児語に合わせたことばを母親等養育者も発する。これが育児語である。育児語にはやはり何語でもよく似た性質、つまり高い音で、抑揚が大きく、繰り返しが多い等の特徴がある。手話にも幼児語と育児語がある。それは音声言語と共通の特徴、すなわち大きな動きや繰り返しもあるが、手話特有のものもある。手話の場合、自分の前の空間は、他者に侵されてはならない。それぞれ自分の前一八〇度が劇の舞台のように、人と人との関係や、場所を示したり、関係性を示したりする。たとえば電話をかけるのか、電話がかかってくるのかは、同じ手型で方向の違いだけで意味が決まる。しかし育児語の場合、対面ではなく、赤ちゃんが認知しやすいように、赤ちゃんの横で、寄り添うような位置で母親等の養育者は手話を示すことがある。つまり、養育者は赤ちゃんの前の空間に侵入してよいのである。

このように音と関係のない言語があること、音声言語とまったく違う性質をもつ言語があること、しかしそれは言語が言語たり得るための性質はすべて備えていること、それを知ることにより言語の実態がつかめてくること、これらは聞こえる学生たちにとって究極のリベラルアーツ教育である。日本手話に出合わなければ、知ることのできない真理であり、体験することのできない知的な喜びである。

（4）脳科学としての「日本手話」研究

このように手話が言語であることの証明は、この四〇～五〇年間にアメリカを筆頭に、いくつかの国で急速に明らかにされてきたが、それでもなお、手話は音声言語ほどの精密さはないという偏見に苦しめられてきた。日本の教育機関で日本手話は教育の手段にはなりえないと思われてきた。いまだに教育言語と認めているのは明晴学園だけで、それも小・中学校しかない。

前節で述べたようなことを知らなければ、いや、知っていてもなお、なかなか日本手話が本当に音声言語と等価の言語だということを素直に認めることができないのが聴者である。私が授業で手話の言語性を何カ月語っても、「手話と言語を比べると……」というような学生のコメントや質問に出合う。それほど聞こえる人間にとって言語とは音声そのものなのである。

一九九〇年代の脳科学は、アメリカ手話が、そして日本手話が言語であることを、より科学的に証明した。つまり手話を母語とする人の脳の活動を客観的に観察すると、聞こえる人が母語を話しているときに使われる言語野が、まったく同じように働いているということが明らかになったのである。この言語を生産する脳の働きは、聞こえる人がジェスチャーやパントマイムを表出しているときの脳の働き方とは全く違うのである。言語野が、脳のある部分に特化して存在することは、ここが脳の中で言語を生成する部位であり、言語を理解する部位である、ということを示すことであり、音声言語でも手話でもこの部位があってこそ生産・理解できるのである。今ではどのような文法がこのあたりで生成されている、というようなことまで明らかになりつつある。音声だろうが視覚記号だろうが関係なく、言語野で生産・理解されるということが、言語から音声という要素を差し引いた、あるいは言語から視覚記号という要素を差し引いた、言語の本質の部分の存在を教えてくれる。これが言語の正体なのである。このことはＭＲＩやＰＥＴで観ることができるし、あるいはその部分に損傷を負った話者が失語症を起こすことからも証明できる。

前述した手の形・動き・位置だけでなく、顔の表情や視線が手話の一部であるという点でも、脳科学はそれを証明する役割を担っている。同じ表情でも、何かの感情が思わず出てしまうという表情と、手話者が言語記号として表出する場合で、脳のどの部分が働いているかは違うのである。これも表情や視線が言語化するということを証明している。手指の形はともかく、眉毛の上げ下げ等の表情が言語記号化するということはなかなか実感できない。手話で育っ赤ちゃんの言語発達の中で、言語要素としての表情は手指動作よりもやや遅れること、育児語の場合、ろう者の母親は無意識に文法的な表情を抑えて、感情的な表情の表出を優先することも知られている。

コミュニケーションがとれるようになってくると母親等の養育者は手話の文法となる表情を表出するようになる。

（5）文化としての「日本手話」

私が担当する「ろう文化」という科目には、ろう文化を紹介し、聴覚障がい児のための教員養成に活かすという目標と、リベラルアーツ教育として、ろう文化を通して、音のない世界を知ることや、マイノリティーの文化を知るという目標がある。同じ障がいをもつ障がい者のグループ、あるいはコミュニティーが生み出す文化というのは、障害学という比較的新しい研究分野の考え方である。その発祥はイギリスのろう文化にある。しかしその後、全盲の人たちにも彼らの文化があり、自閉症の人たちにも彼らの文化があると認識されるようになった。

ろう文化は、ろう者が話す手話を中核とし、ろう者が自然に作ったコミュニティーの中での歴史的な知識の蓄積や、習慣の総体により形成される。日本手話とアメリカ手話は異なるし、そのコミュニティーもそれぞれの国の中で自然にできるものであるので、日本のろう文化とアメリカのろう文化は同じではない。日本文化とアメリカ文化がそれぞれ違った特徴をもつのと同じである。しかし、別の面もある。ろう者の必然的な認知構造による、いわば国境を越えたろう者の共通な文化がある。たとえば、声で呼びかける代わりに、肩をたたくとか、机をたたくというような、認知的に必然的な文化がある。広い場所での講演や劇に対する賞賛は、胸の前で拍手するよりも、両手を上げてひらひらさせるろう文化が多い。ろう文化を知ることは認知的異文化体験である。また手や目をモチーフにした絵画や彫刻を生み出すということや、聞こえないことを題材にしたジョークや、マジョリティーの抑圧をテーマにした戯曲や映画などが生まれることも共通している。

ろう文化の共通の問題として、人工内耳への批判がある。それは手話という少数言語を、そしてろう文化を消滅させる恐れがあるからである。それは国境を越えたろう文化共通の問題である。マイノリティーの言語・文化はしばしば絶滅の危機との闘いを起こす。人工内耳は、あえて人為的にろう者を減らすためのものであり、ろう文化を消滅させようとするものであるので、ろう者が歓迎するはずがない。

しかし、ろう児の一〇人に九人は、親が聴者であり、聞こえないことを嘆き、人工内耳で我が子が聞こえるようになればと望むのである。聞こえないことが障がいだと考え、障がいのない子になるのであれば、と考えるという単純な問題ではない。自分と同じ言語がわからなければ親子のコミュニケーションがとれないのであるから、どうやってその子を育ててよいかわからない。たとえろう文化の存在が認知され、聞こえる親が手話を覚えて育てればよいではないか（実際スウェーデンは人工内耳を入れる入れないにかかわらず、親が手話を学ぶ環境が保証されている）、という考え方が周知されても、中途失聴者やかなり聞こえる難聴者がいるかぎり、人工内耳は開発され続けるであろうし、その必要性・正当性は認められる。人工内耳への危機感も、多くの国で共通のろう文化の一部であろう。

(6) マイノリティー言語の宿命としての言語接触

人工内耳を入れるか入れないかにかかわらず、ろう児を音声言語で育てよう、教育しようという考え方が、多くの国でろう者が自然に生み出してきた手話とは違う、音声言語を手で表した音声言語対応手話を生み出してきた。それは大抵の場合、単語だけろう者の手話から借りてきて、聞こえる人が音声言語を発しながら、手も動かすというようなものである。この対応手話を不完全な言語と言ったために、木村晴美・市田康弘のろう文化宣言は物議をかもし、難聴者の批判を浴びた。ろう文化宣言の中で、木村・市田は、「日本語対応手話」が必要な人たちがいることを否定はしないと言っている。しかし、「日本語対応手話」を使う人々は否定されたと感じた。それは何故なのか。「日本手話」はこれまで述べてきたように、視覚記号として、使える器官を最大限に生かした、ろう者が自然に生み出した言語であるので、それを母語とする人から見れば、音声言語の口形に頼りながら、表出する手話は視覚言語としては不完全と感じるのは当然であろう。「不完全」ということばを使うことへの抵抗もろう文化と聴文化で違うかもしれない。モーダリティーをまたにかけた異文化コミュニケーションであったかもしれない。異文化コミュニケーションには誤解や争いはつきものである。

視覚記号のみで言語学的に完成された日本手話と、手の形・動き・位置などの視覚記号に頼りながら日本語という音ありきの言語を示そうとする日本語対応手話は、しかし、くっきりと二つ存在するわけではない。それがまたリベラルアーツとしての手話からの学びである。実は日本手話と日本語対応手話は両極にあり、その間にいろいろな程度の中間手話が存在する。それは英語のピジンが、話者の母語により、英語そのものに非常に近いものからアジア・アフリカの現地語に非常に近いものまで存在するのと同じである。言語接触の分野も言語研究としては多くの示唆を提供してくれるが、この日本語という音声言語と日本手話というものが、モーダリティーを超えて常に接触せざるを得ないことは非常に興味深い現象を生み出すのである。母語話者から見た時の極端なバリエーション（方言や流行語）への違和感は、これもまた母語というものの特性を表している。

音声言語話者である親が日本手話で子どもを育てようとすれば、その手話は日本語対応手話に近くなる。両親が音声日本語の影響を強く受けた日本手話（日本語対応手話に近い）を話していれば、それを見て育つろう児は、より自然な手話にそれを発達させる。それはピジンで育った子どもたちが、そのピジンをより自然言語に近い言語にさせるクレオール化と呼ばれるものと似ている。

もしも多数のろう児が大人のピジン手話を見て育ち、子ども同士で使えば、その手話は完全な一つの自然手話になろうとする、つまり、クレオール化という現象を起こす。クレオールは次の代では脱クレオール化といって、さらに洗練された精巧な自然言語を完成する。手話と音声言語は常に接触しているので、いつでもピジンが生まれてはクレオール化するという現象を引き起こしていると考えられる。しかし音声言語のピジン・クレオールと違うところは、クレオール化、あるいは脱クレオール化した手話を獲得した子どもが成人して子どもをもった時、その子どもがまたろう児である確率は一〇分の一であるということである。つまりそこで、手話の自然言語への進化は止まってしまうことが多いということである。両親が自然な日本手話を話すならば、子どもは聞こえていても手話者になる（CODA＝Children of Deaf Adults）。そのCODAのこどもGODA（Grandchildren of Deaf Adults）が聞こえる場合には、手話が保たれるかどうかは不安定である。手話と音声言語の接触は少数言語と多数言語の言語接触であるが、子どもが聞こえるか聞こえないか、孫が聞こえるか聞こえないか、という要素も含まれるので複雑である。日本手話を学ぶ学生は、自身もピジンのような手話を話していることを実感しながら、このことを学んでいる。

（7）認知的異文化体験とマジョリティー・マイノリティーの逆転

日本手話の運用能力の高い学生や社会人にとって、「手話による教養大学」の受講は留学である。それも言語が違う世界というだけではなく、モーダリティーの違う世界に飛び込むことになるのである。「手話による教養大学」は、教授陣もろう者、受講生もほとんどろう者である。聞こえる人はむしろマイノリティーである。日本手話がわからないので困ったり、ろうの学生は教授と自由にやりとりしているのに、自分は質問するのもはばかられるという状況は留学する者は誰もが体験する。その上、音を使っても意味がないという根本的な別世界である。たとえば声と違って、ろうの学生と先生が掛け合いを始めると角度によっては全く話が見えなくなることがある。ろう者の先生の中には机をまるく並べて、誰が発言しても見えるようにする先生もいるが、人数が多いとなかなかそうもいかない時がある。

「手話による教養大学」は、同じろう文化をもつ人たちが主導権を握って進んでいくので、聞こえる受講生にとっては、新鮮な刺激を受けるが、理解できないことも多いのは当然である。

母語で教育を受けることがなかったろうの受講生が水を得た魚のように喜々として、また情熱をもって勉強する姿を見ることは、私たち聞こえるマジョリティーがマイノリティーを無視している日本の社会を感じさせてくれる。このこともろうの国への留学の意義である。手話の言語権の推進やマイノリティーの存在を改めて考えるきっかけになり、複数の言語、複数の人種、複数の文化が存在するとき、必ずといってよいほど、強弱ができてしまうことを身をもって体験することは、多様化する社会で、お互いを尊重して生きていく姿勢を醸成する。

学生の中には、ろう者が口話を話せるようになることは本人のためだという学生がいる。なぜならば、社会の中で多くは手話を知らない音声言語話者だからだという。「やっぱり口話は便利だと思う」と。しかし誰に便利なのか？　もちろん音声言語話者に便利なのであって、ろう者にとっては歩み寄るために仕方なく口話を使うのである。口話さえうまければ優秀なろう児であるというろう教育の時代は終わったが、それでもなお口話は便利なので、本人のために、と聞こえる大人は口話の訓練を提供し続けている。しかし、あるとき聞こえない学生がぽつりと言った。「口話は便利だけどろう者同士が通じないから」と。同じろう者同士が通じないコミュニケーション手段を聴者は押し付けてきた。ろう者の世界への留学はコミュニケーションのあるべき姿や、マイノリティーの人権を理解するには最適な留学といえる。何より、ろう者の恩師ができること、ろう者の友達ができることは生涯の宝でもある。

参考文献

市田泰弘（二〇〇三）「ろう者と視覚」日本記号学会編『感覚変容の記号論』（『記号論研究』一七）、七一―八六頁。

斉藤くるみ（二〇〇七）『少数言語としての手話』東京大学出版会。

斉藤くるみ（二〇一二）「大学教育における『日本手話』の意義――リベラルアーツ教育・アイデンティティ教育からキャリア教育へ」『大学教育学会誌』六三、九六―一〇三頁、（二〇一一）。

Bellugi, U. & S. Fischer（1970）“A Comparison of Sign Language and Spoken Language” *Cognition* 1, pp. 173-200.

Goldberg, D., D. Looney & N. Lusin (2015) "Enrollments in Languages Other Than English in United States Institutions of Higher Education." (https://apps.mla.org/pdf/2013_enrollment_survey.pdf, 2016.05.30)

Pettito, L. A. & P. F. Marentette (1991) "Babbling in the Manual Mode: Evidence for the Ontogeny of Language" *Science* 251, pp. 1493–1496.

第3章　ろう者が自らの「市民性」を涵養する権利と「日本手話」による教養大学——法律学授業を題材として

田門　浩

1　教養大学と「市民性」、エンパワメント・公共圏との関わり

教養教育の理念・目標は、「市民性」の涵養にある。日本学術会議は、市民性を、「社会の公共的課題に対して立場や背景の異なる他者と連帯して取り組む姿勢と行動」と定義している（日本学術会議 二〇一〇：二八）。これは、人間一人ひとりがそれぞれ異なる立場や背景を有していることと、これを互いに尊重し合わなければならないことを前提としている。さらに、人間一人ひとりが、「誰からも支配されず誰をも支配しない、他者との対等な関係」（日本学術会議 二〇一〇：二九）が必要である。このような関係に立って初めて、多様な人々との間の連帯が成り立つからである。日本国憲法第二六条には教育を受ける権利が規定されており、この権利の内容の一つとして、自らの市民性を涵養する権利も保障されるべきである。

しかし、聾唖者[1]は、聾唖コミュニティーの成立当初から長年にわたって社会的な抑圧を受けており、この結果、聴者との対等な関係を得ることができず、市民性を涵養する機会がほとんど与えられなかった。

これは、聾唖者のエンパワメントと深い関係がある。ここにいうエンパワメントとは、「個人や家族やコミュニティが、自らの生活状況を改善できるように、個人的に、対人関係的に、あるいは政治的に力をましてく過程」を意味するとされている（川田 二〇一二：七四）。このようなエンパワメントを実現して初めて、社会的抑圧に対抗できる力を身に付け、聴者との対等な関係が実現でき、「市民性」を涵養する機会が得られるのである。

また、「市民性」との関係では、「公共圏」の概念も重要である。公共圏とは、「公共的な関心を持つ人びとが集まって、自由で平等な、開かれた対話を通じて『公益』とは何かを討議する場であり、『公論形成の場』『社会的合意形成の場』である」と言われている（長谷川 二〇〇七：五二八）。もともと市民性とは、社会の公共的課題に対して他者と連帯して取り組む姿勢と行動を指すのであるが、この連帯する他者の範囲を画定するのが、まさに公共圏という枠組みだからである。末森（二〇一五）が、聾唖者の立場からの公共圏を検証する重要性を指摘している。聾唖者にとっての公共圏は、聾唖者のエンパワメントと密接な関係がある。そもそも公共圏は構成員同士の自由で平等な対話を前提とするものであるが、社会的抑圧から脱してこのような対等な関係を形成する取り組みそのものが、エンパワメントに他ならないからである。

本章では、明治期の聾唖コミュニティー成立から現在に至るまでの約一四〇年の間に、聾唖コミュニティーが発展し、エンパワメントの実現を目指して苦闘していたことを明らかにし、その過程の中で、公共的関心の所在の変化とそれに伴う公共圏の変化、それによる「市民性」の獲得の機会を広げていったことを論ずる。これに続いて、私がろう者弁護士として学生に対してエンパワメントと市民性の涵養を意識して、どのように授業を展開しているかを述べる。

2　日本聾唖者の聾唖教育の始まりと聾唖コミュニティーの形成

日本においては、学校に聾唖児を集めて体系的な聾唖教育が行われたことがきっかけとなって、聾唖コミュニティーが成立、発展していった。一八七五（明治八）年に古河太四郎が京都府立待賢小学校にて二名の聾唖児に教育を始めたのが、日本における体系的な聾唖教育の始まりである。一八七八（明治一一）年に「京都盲唖院」が創立され、盲教育と聾唖教育とが同じ建物の中で行われる形であるものの初めて組織化された聾唖教育体制が作られた。それ以後、全国各地に盲唖学校が設立された。一八八七（明治二〇）年の時点では盲唖学校はわずか三校であったが、一九〇五（明治三八）年には盲唖学校は二六校に増えていた（武田 二〇一二：六七）。明治から大正期までの間は、手話や筆談を用いた教育がなされていたが（東京聾唖学校編 一九四二：二一）、発音口話教育も試行ないし実施されていた。

その盲唖学校を卒業した聾唖者が聾唖コミュニティーを形成して団体を運営する力を身に付け、一八九〇（明治二三）年代から各盲唖学校で同窓会を設立するようになった。たとえば、一八九一（明治二四）年七月一六日には東京盲唖学校唖生同窓会、一八九三（明治二六）年二月一日には京都盲唖院唖生同窓会が作られた。

このようなコミュニティーを形成するためには、構成員間に共通するコミュニケーション手段が必要であった。これが手話であった。同窓会では、聾唖者同士は手話を使ってコミュニケーションをしていた。たとえば、一九〇四（明治三七）年一月一七日、当時東京盲唖学校教員練習科生で後に東京聾唖学校教諭になった聴者の鎌田榮八が、東京盲唖学校唖生同窓会新年祝賀会にて挨拶の言葉を述べ、その中で、聾唖者同士が手話を使って存分にコミュニケーションをしている様子を次のように描写している。

「私は今日諸君の同窓会に招待を受けまして誠に其の御親切を有り難く存じます殊に諸君が此の盛大なる会を組織せられ各自御利益になる手話をなされ心の中より愉快の模様が外部に現われましたのを見まして益々私までが愉快に満足に思います。」（鎌田 一九〇六：四）

このように存分に手話でコミュニケーションできるようになっていた理由の一つとして、聾唖者が体系的な教育を受け、社会の中で稼働できる力を身に付けられるようになっており、聾唖者が自信をもって手話を使えるようになったことが挙げられる。このことは、鎌田が前述の挨拶の中で続けて次のように述べていることからも裏づけられる。

「今爰に御出になる方々は立派な教育を終り各自専門の学芸を修めつつ或いは修め了りて社会のために尽くされつつ居る人であります。」(鎌田 一九〇六:五)

事実、一九〇〇(明治三三)年前後には、聾唖卒業生の職業開拓が始まりつつあった。例として、一九〇〇(明治三三)年末当時の東京盲唖学校の聾唖者の卒業生の就労状況を見ていこう。卒業生累計四九名の中から盲唖学校内での温習・専修者一二名、病気一名、死亡四名、不詳二名を除き、職業が判明している三〇名のうち、一番多くの八名が家事手伝、四名が農業といった家庭内での職業に就いていた。しかし、この他は、風琴製造三名、学校助手二名、仕立職二名、教員一名というように家庭外で何らかの形で職業を得ていた。職業の種類も温習・専修を除いて統計上一六種類あった。とりわけ、東京盲唖学校の助手や教員といった教育職に従事したのが合計三名いたことは注目に値する(東京盲唖学校編 一九〇一:四六-四七)。すなわち、聾唖者の中には次第に生計を立てられる人も現れはじめてきたのである。

このような職域の開拓を背景に、聾唖コミュニティーも体系的な教育を整えた盲唖学校や、その卒業生で成り立つ同窓会を誇りに思っていた。たとえば、東京盲唖学校唖生同窓会が一九〇四（明治三七）年三月三〇日に開いた卒業祝賀会にて、東京盲唖学校教員練習科の聾唖者卒業生総代として三浦浩は謝辞の中で次のように述べている。

「吉川高木片桐三氏の発企に係る唖生同窓会の創立以来少しも障りなく益々盛大に至りましたことは本会の最も大なる名誉で又本校の名誉と申しても宜しいと存じます。私共は長く本校及び本会の名誉を汚さざることを誓います。茲《ここ》に御礼を兼ねて聊《いささ》か微意を申述べます。」（三浦 一九〇六a：七）

3　日本聾唖者に対する社会的な抑圧

(1) 聴者社会からの抑圧

しかし、一九〇〇（明治三三）年代当時、日本の聾唖者は聴者社会から厳しい抑圧を受けていた。後に東京盲唖学校の教員となった聾唖者三浦は、東京盲唖学校唖生同窓会誌『口なしの花』にて、次のように記している。

「私共は明治の世に生まれても常人の嘲笑罵言を受ける事あればこれに対して乱暴を致して居りました。」（三浦　一九〇六b：一五）

当時、東京盲唖学校教員練習科生で後に大阪市立大阪盲唖学校教師となった目黒文十郎も前述の東京盲唖学校唖生同窓会新年祝賀会にて、次のように述べている。

「私が考えますに親愛なる会員諸君及び諸君の父母兄弟姉妹の中には諸君の聾唖であると云う事は誠に不幸である残念であると嘆き悲しまるる方が有るかもしれませんがそれは一応御尤もな事で私も実に胸苦しく存じますが而し悲しんだからと云って治ることにもあらず世の中の事は上を見れば限りのない話でありますから人の力で如何とも致方のない事はそれで満足した方が宜しいと思います。」（目黒　一九〇六：三）

（2）労働問題

また、聾唖者の職域が開拓されつつあったとはいえ、聾唖者を取り巻く労働問題も厳しかった。

前述の聾唖教員の三浦は、『口なしの花』にて次のように「聾唖者の処世法」を論じている。

「諸君の目的は単純にして普通人にも容易に成し得るものを選び勉強忍耐信用を以て他人の同情と保護の下に於て自活の方法を定むる事であります。…（中略）…諸君が他人の厄介にならないで自活する事が出来れば先づ成効者といわなければなりません。私の是れ申した事は甚だ消極的で男らしくない事ばかりでありますが私は決してそれで満足せよと申すのではありません。唯現今の社会状態は複雑でありますから徒らに大言壮語しても実行は六つかしかろうと思うだけであります。」（三浦 一九一〇：一四）

当時の東京聾唖学校長で聴者の小西信八も、東京盲唖学校卒業生に対して、次のように訓辞を送って雇用主に対して従順になるべきと述べ、併せて、仕事中にしばしば時計を見ないこと、賃金が少ないことを怒らないことなど一一項目にわたってアドバイスをしている。

「諸君が聴話自在の人と競争するに当りて主人は諸君の手真似に通せず、筆談を用うれば互いに時間を費やす事大なり主人の不利諸君の不便実に想像に及ばざる事多しと存じます、左れば此不利を忍び聾唖者を用うる主人は極めて篤志の人として諸君は敬事し主人の損耗を致さず主人の悪口を伝えず一心不乱に主人の益を考え何事を命ぜらるるも不快の色を顕さず忍耐して敏捷に仕遂げ主人をして諸君を必要欠くべからざる人と思わしむに努めらるべし。」（小西　一九一一：一六－一七）

（3）就学問題

また、聾唖児の就学体制も極めて不十分であった。聾唖児の家族は昔も今も手話を知らないのがほとんどで、聾唖児は家族とのコミュニケーションがとれなかった。このため、盲唖学校に入らず家族の中で暮らすだけでは、聾唖児は全くの無教育状態の中におかれてしまう。これでは聾唖者のエンパワメントは到底望めない。聾唖児が盲唖学校に入って手話の使う教師に出会うことで初めて教育というものを受けられたのである。前述の小西は、盲唖学校に入った当初の聾唖児の教育について、同じ学校に入った盲児と比べて次のように論じている。

「盲生は目が見えずとも、耳も口も自由だから、社会的教育は夫れほど欠点が無く早く獲られるが、聾唖は学校へ入ってから、始めて教育を受けるような次第である。」（小西　一九一〇：七二）

ところが、一九〇〇（明治三三）年代当時、日本の聾啞者は義務教育の対象から外されていた。日本では一八八五（明治一八）年に小学校令が公布されて尋常小学科への就学が初めて「義務」と規定され、一八九〇（明治二三）年の第二次小学校令において市町村に尋常小学校の設置が義務づけられた。この第二次小学校令で、盲啞学校は小学校に準ずる学校と位置づけられたが、設置の義務はなかった（九四条）。その後の一九〇〇（明治三三）年の第三次小学校令でも盲啞学校の設置義務は規定されなかった。この第三次小学校令では、障害のない人に対する義務教育制度が完全に施行されていたが、「瘋癲白痴又は不具廃疾のため就学することを能はずと認められるときは学齢児童保護者の就学義務を免除することが出来る」とされ（三三条）、聾啞児は義務教育の対象から外された。この現状を打破すべく、前述の目黒が次のように述べて同窓会の聾啞会員に聾啞学校の建設を呼びかけている。

「我が国の各地を御覧なさい学ばんと欲しても学校がなく遠く上京せんと思っても金がなく思想を交換し意志を通ずる事も出来ず実に困って居る人が沢山あるのであります。斯る境遇にある人々を救い出してやるのは誰でしょうか是非共御互が尽力をせねばならぬ事と思います。それ私も一層勉強をして卒業をした後は各地の有志者に謀り聾啞学校を設立して益々我が国の聾啞教育を盛にし進み手は彼の欧米諸国のごとく常人と同様にしたいと日夜希望に

堪えません。」（目黒 一九〇六：三一四）

4　日本聾唖者の公共圏の形成と就学分野及び労働分野でのエンパワメント追求

（1）聾唖コミュニティーの団結と就学分野

このような厳しい労働状況ときわめて不十分な就学体制を変えるべく、当時の聾唖コミュニティーは団結し社会運動を始めるようになった。

就学分野については、聾唖コミュニティーは盲唖教育の法制化を強く求めた。一九〇六（明治三九）年一〇月一三日、一四日には聾唖者自身で第一回全国聾唖教育大会が開催され、同月一四日の午前には参加者一同が大幟を押し立てて、天皇の宮城（皇居）前で敬礼、万歳三唱の後、各新聞社を訪れて銀座から日比谷へと行進したとのことである（岡本 一九七八：一一三）。この行進について、岡本は、「わが国最初のデモ行進であった」と評している。

その後も聾唖コミュニティーは盲唖教育の法制化を強く求めるとともに、全国組織化を図り、一九一五（大正四）年一一月二五日に日本最初の聾唖者全国組織として日本聾唖協会を発会し、義務教育盲唖教育法制化のために「凡る手段によって促進宣伝運動が続けられ」た（藤本編 一九三五：一七〇）。一九二三（大正一二）年八月二七日に、盲学校及び聾唖学校令が発布されて、盲学校と聾啞学校とが分離され、道府県に盲学校・聾啞学校設置が義務づけられた（当時は、東京都でなく東京府であった）。しかし、この新たに制定された盲学校及び聾啞学校令にも盲・聾啞児の就学義務の規定がなく、聾啞コミュニティーは引き続き就学義務の実現を目指して運動を続けた（藤本編 一九三五：一七〇－一七一）。

(2) 労働分野

就学分野だけでなく労働分野についても、聾啞コミュニティーが団結して権利主張をすべきだという考えが現れた。当時の聾啞コミュニティーが目指したのは、聾啞者が親族や生活指導をする人々からの保護から離れて独立した生活をすることであった。現在の言葉でいうと、自立生活の実現を求めたのである。当時の盲啞学校教員で戦後に全日本聾啞連盟長になった聾者の藤本敏文は、『殿坂の友』と改題された東京盲啞学校啞生同窓会誌にて次の論説を記載して、生活の独立を強く求めている。

「私共に最も接近して居って、而して最も緊要な問題は独立問題である。独立という意義ははなはだ漠然たるが、要するに私共が親族及び指導者の保護より離れて、可成り独立生活して行くことである。」（藤本 一九一四：四）

この生活の独立を阻む最大の問題は、賃金が低いということであった。これを解決するために、前述の藤本は、「権利」という言葉を使い、聾唖者が団結して権利を主張する必要があると強調した。

「もはや或程度までの補助を受くる外、私共が要求する所、好む所を、考え且つ実現して行けば宜しいのである。…（中略）…若し私共のうち何者かが「夫れは出来ぬ、」というものがあったら其者は私共全体を侮辱する者である。亦自分自身を軽蔑する者である。私は、「出来ぬ」という言葉を私共の手話の中から取り去りたいと思う。…（中略）…聾唖は其の労力に比し賃銀の点に於いて甚だしく蹂躙されてる様である。言い換えれば賃銀以上に労役を課せられつつある私共は此の点に於いて大いに自己の正当なる権利として主張せねばならぬ。もし私共の友人のうちかくの如く蹂躙され乍ら何等の主張及び抗言も為し得ない者があったなら私共は結束して大いに其の友人を援護せねばならない。…（中略）…諸君及び私共が是等の問題に解決を与える為めには極めて真摯なる態度と協同的精神と戦闘的覚悟との極めて必要なる事を強く慫慂して置く。」（藤本　一九一四：三―六）

さらに進んで当時社会の労働運動に関心をもつ聾唖者も現れてきた。同窓会会員の一人である佐藤達平は、東京盲唖学校唖生同窓会誌にて、次のような文章から始めて、労働組合、ボイコット、同盟罷工、締出しなどの労働運動について説明している。

「労働者の労働運動を起こすのは単に賃銀値上げ労働時間の短縮のみが真の目的ではない、只資本家の私腹肥やす為機械化し奴隷視せらる事を厭う余り其の人格を尊重されん事を望むので即ち人らしき生活を欲するからであります。家庭工業より工場に転じ、人規模となり資本を要するに至り資本家が横暴を敢えてする事になり。労働者の生活不安となり悲惨となり且つ教育が普及し其自覚を促され覚醒されて労働問題が起こったのであります。」（佐藤 一九二〇：四四）

（3）聾唖コミュニティーにおける公共圏的要素と聾唖者の職域の拡大・公共圏形成

このように、明治末期あるいは大正初期の頃には、聾唖者の就学問題と労働問題が、聾唖者の公共的関心を引きつけるようになっていたのである。ここに、聾唖コミュニティーにおける公共圏の形成を見出すことができる。末森（二〇一五：一九〇）によれば、一九一五（大正四）年頃には、聾唖コミュニティーにおいて公共性のある意見を集約していく公共圏的要素が強まっていたとしている。

この状況を作り出した要因の一つに、当時の聾唖者の職域が少しずつ広がっていったことが挙げられる。一九〇〇（明治三三）年と比較するとわずかながらも聾唖卒業生の職域が広がりつつあったのである。

たとえば、一九一〇（明治四三）年の時点では、東京盲唖学校の聾唖卒業生は累計二二四名になっており、そのうち進学等した者四三名、死亡者三九名、不詳三名、病気二名を除くと、残りは一三七名となる。このうち最多の二七名が家事手伝に従事し、一二名が農業、一一名が家務に従事していた。これは家庭内での仕事とみられる。しかし、この他に、教員一二名、絵画九名、仕立九名、楽器製造所木工七名、写真師五名というように何らかの職に就いている聾唖者もおり、統計上では職業の種類は三五種類にわたっていた（東京聾唖学校 一九一〇：三二一―三二四）。

その後、一九一七（大正六）年四月八日になると、東京聾唖学校の卒業生は累計四二〇名にのぼり、そのうち転校者一名、不詳一七名、病中四名、死亡者六八名、進学者七五名を除くと、残りは二五五名になる。そのうち一番多くの三八名が家事手伝、二九名が農業、二九名が家務に従事していた。これは家庭内での仕事とみられる。しかし、これ以外の卒業生は、仕立三八名、教員一七名、絵画一〇名、写真八名というように何らかの職業に就いていた。統計上も職業の種類も四六種類と増えている（東京聾唖学校 一九一七：一一九）。

このように職域が広がりつつあり、自らの生計を立てることができる聾唖者が増えていった。

そのような人々の収入は、受けてきた教育や、社会や経済の動向により大きく影響を受ける。そのため、聾唖者は必然的に就学問題や労働問題に対する公共的関心を深めていった。これを受けて聾唖コミュニティーは公共圏的要素を強め（末森 二〇一五）、厳しい労働状況ときわめて不十分な就学体制を変えるべく、エンパワメントを求めて、団結し運動を始めるようになったのである。

5　口話法教育の普及と聾唖コミュニティーへの新たな抑圧

前述の通り、明治から大正期までの間の聾唖児に対する教育方法は、主に手話や筆談であった。しかし、盲学校及び聾唖学校令が発布された一九二三（大正一二）年頃になると、聾唖教育界では、手話でなく口話法による聾唖教育が積極的に推進されるようになった。当時の口話法は、教育方法として手話や筆談を用いず、口形の読み取りと聾唖児の発話を訓練するというものであった。

この結果、聾唖学校には、この口話法を用いる口話学級が大幅に増える一方、手話教育を行う学級が大幅に減少した。一九三三（昭和八）年には全国聾唖学校全学級のうち口話学級が八割を超えるに至った（岡本 一九九〇：一〇三）。このような口話法教育は、聾唖者の聴者社会への同化を推し進め、手話や聾唖コミュニティーを抑圧する結果をもたらした。たとえば、口話法普及の中心的人物の一人である川本は、聾教育における言語教育の目的について、次のように、音声日本語こそが聴者と聾唖者との共通言語であると述べて聴者との共通性を強調し、聾唖者の独自の言語である手話を否定的に評価していた。

「唖者となって入学して来る者に対して、その属する所の社会団体に共通する言語即ち音声語を教うる点にあるのである。換言すれば国語を教うるに在る。」（川本 一九四〇：三二七-三二八）

「聾者の属する社会団体に共通する言葉に思を致たさないで、簡単に聾者そのものの社会に共通する手真似身振りを基調に置いて言語教育を施していくとすると、そこに大いに異なった現象を見るのである。…（中略）…一般の家庭や社会に於いては、周囲の者が之を理解して呉れれば別であるが聾唖者をして思想交換の上に、甚だしく制限を受けて、はなはだ寂寥落莫の感情を抱かせるであろう。」（川本 一九四〇：三二九）

「他人との直接の思想交換について見ると、聾唖者の手話を以てその共同社会における共通的なる言葉とすることは、到底できない以上、聾者の思想伝達の為の手話は、彼等の範囲のみに於てしか通用しない。…（中略）…従って…（中略）…前記教育目的を達するためには此の手話方式は適切なる方式と称することは出来ない。」（川本 一九四〇：四九九-五〇〇）

このような考え方のもと聾唖学校教育の手段として手話が否定されたことは、聾唖コミュニティーの活動に大きな影響を与えた。聾唖教員は当時の聾唖コミュニティーのリーダー的な役割を担っていた。聾唖学校に勤務する聾唖教員の人数が、口話法教育の普及に伴い減っていったのである。岡本（一九九〇：一二五）によれば、統計に表れた範囲では一九二三（大正一二）年に全国で最高五二名の聾唖教員がいたが、口話法教育の普及に合わせるように減少し、太平洋戦争が始まる一九四一（昭和一六）年には二六名となっている。リーダーを失った結果、聾唖コミュニティーの団結運営が困難になった。

6　聾唖コミュニティーにおける公共圏形成の進展と手話の「言語」としての認識

(1) 手話の言語としての認識

このように聾唖教育界で口話法教育が広まり、手話が否定されたという状況に強く反応し、遅くとも昭和初期には、聾唖コミュニティーの中に、聾唖者自身の使うコミュニケーション手段たる手話が、言語そのものであるという認識が広まっていった[2]。

たとえば、大阪市立聾唖学校では、一九二八（昭和三）年一月に、教員が中心となって日本最初の聾唖劇団「車座」が創立された。この車座の団員が書いた「車座の演劇意識」という題の文章には、手まね（すなわち手話）は聾唖者の言語そのものであることが高らかに謳われている。

「語って置きますが、聾唖者のための劇としても、単なるパントマイム（黙劇）ではありません。手まねと云う言語に依って運ばれる科白劇であります。手語（手まね）というものは聾唖者の母語（マザータング）と云われています。普通人に於ても、それは言語の補助として使用されているが聾唖学校及び手まねの劇場にとっては、所謂、身振り手まね以上に言語的価値をもつ！ 否、聾唖者の言語そのものであります。」（藤本編 一九三五：四九七）

また、東京聾唖学校教諭であった丸山良二も次のように述べ、手話が言語であることを認めていた。

「手話は普通に用いる言語と見る事が出来る。言語が思想感情を表現するものとすれば、手話もまた思想感情を表現するものである。」（丸山 一九三五：一四二）

さらに、丸山は、手話を、自然的手話（筆者注：ホームサインに相当）、慣習的手話（聾唖者の団体的生活を基礎として発達する手話）、人為的手話（概念的抽象的事象を表すために作られ学ばれる手話）の三種類に分類した上，慣習的手話には何らかの形で規則があることも認めていた。

「慣習的手話では，記号の順序に於て恒常性が現われている。我々の文章構成が従ってい
るような厳密な規則は，勿論聾啞者にはない。併し彼らの記号の集まりは混沌たる塊でもな
い。聾啞者は個々の身振りを自分で重要だと思う程度に応じて連続させる。故に彼等に於る
言語の法則は，先ず主要事項それから副次的事項ということである。」（丸山　一九三五：一五〇）

当時東京聾啞学校校長であった樋口も，東京聾啞学校同窓会会報『殿坂の友』の中で発表した
「口話を教授するは手話者を迫害する為ではない」という題の文章の中で，手話が言語であるこ
とを認めている。

「手話は言語の一種類である。口話筆話と相並んで，言語の三大形式をなして居るものな
ることは，言語学者ならずとも，知り貫いて居る所である。併し，手話と筆話即ち文章とは，
其の機構が異つて居る。……（中略）……そのまま訳出して，立派な文章になる手話がないでも
ない。即ち所以人為的手話と称するものがこれである。さり乍ら，これは，実は手話の特質
を滅却し其の長所を奪い去ったもので，常人の手話教師以外には，用いることのないもので

ある。（常人は、文章を手話に訳出するので、手話を文章に訳出するのではない。）」（樋口 一九三二：二）

(2) 手話に対する公共的関心の高まり

このように日本の聾啞コミュニティーには、遅くとも昭和初期には手話が言語そのものであるとの認識が広がっていった。これは、教育界において手話による教育が否定されたという状況を憂い、聾啞コミュニティーが自らの手話に対する公共的関心を深めたことが直接のきっかけである。たとえば、当時大阪市立聾啞学校教員であった藤本敏文は、次のように述べて口話法教育が広まるのであれば、手話も同様に街頭で堂々と使われるような社会を作るべきであると強調し、手話に対する高い公共的関心を明らかにしている。

「口話法を宣伝しこれが普及発達を企てるならば手真似も亦、之に伴い、広く街頭へ展開されなくては聾者に対する真の理解が嘘になる。」（藤本 一九二六：一〇）

「手真似語は世人一般の好奇心を誘う時代は寧ろ過去となって、手真似をつかう事によって、正しく聾者たる事を認識せしめる標識となり、寧ろ彼等に友愛の情緒をそそるかの感を抱かしめる。何故なら、それ等の聾者は筆談によって有らゆる事理を弁じ得られる事を知って居るから、人類愛とデモクラシーの眼に見えない思想の浸潤とは如上の結果を招来するの

である。」（藤本 一九二六：一〇）

「今後口話法の普及発達に伴ひ益々地方的に将又より博く一般に手真似を通じても聾者への理解が弥深くなる事を望んで益々手真似語が街頭に展開せられる事を切望して止まない。」（藤本 一九二六：一〇―一一）

また、口話法教育に対して聾唖生徒からの抵抗もあり、一九二八（昭和三）年から一九二九（昭和四）年頃には、京都市立聾唖学校では、口話法教育の教師への抵抗として、聾唖生徒による授業拒否計画がなされたほどであった（岡本 一九七八：二二〇―二二二）。聾唖生徒の間にも手話に対する高い公共的関心が存在していたのである。

このような実力行使とまではいかなくとも、数多くの聾唖者は、聾唖学校内では手話でなく口話法で教育を受けつつも、聾唖学校から出て聾唖コミュニティーに入ると自然に手話を使っていた。口話法の徹底を図る聾唖学校も手話の使用を禁止できなかった。藤本は次のように述べ、口話法教育を推進する聾唖学校長に対して、聾唖者の手話の使用を黙認するのですか、という問いかけをすることにより、手話に対する公共的関心を明らかにしている。

「口話法で教育された人達が、次第に増えてきて、この人達が、校門に出るようになると、何時の間にか、誰に教わる迄もなく手話をやり出して居る。大分に昔の手話と形が違ってきている。中には唖々と声を出し乍ら、覚束なげに手話をやっている人もあるが、大半はわかりのよい、上品な手話を使っているのを見かける。或純口話法の校長さんに、『あなたの学校の生徒や、卒業生はお互同志手話をやっていますが、黙認しているのですか』と尋ねたら『禁止はせぬ』と言って居られた。」（藤本　一九四三：二一）

このように、大正中期以降、口話法教育が普及し手話による教育が否定されるようになるにつれて、聾唖コミュニティーの公共的関心の一つとして、手話に対する社会的認知が新たに加わり、就学分野、労働分野とともに言語分野でのエンパワメントを追求するようになった。

(3) 手話に対する公共的関心と公共圏

このように、手話の言語としての社会的認知という言語分野にかかる公共的関心が聾唖コミュニティーの中に生じてきたが、この原因の一つとして、聾唖コミュニティーにおいて公共圏の形成が一層進み、手話の重要性が高まってきたことが挙げられる。もともと公共圏とは、自由で対等な開かれた対話を通じて公益を討議する場である。聾唖者にとっては、このような対話を可能にするツールが手話であった。手話を用いて、就学問題や労働問題という公共的関心のある事項についての討論を積み重ね、この中で、自分の使う手話が言語であるとの認識が広まったのである。

（4）聾啞者の職域の拡大と公共圏

このような公共圏の形成が進展した要因は、当時の聾啞者の職域が以前よりも広がったことにある。

たとえば、一九三五（昭和一〇）年一月現在で、東京聾啞学校の聾啞者卒業生（師範部を除く）累計八二七名のうち進学者・転校者七二名、不詳三三名、死亡者一九〇名を除くと残りは五三二名となる。そのうち、最多の一九七名が家庭内業務（家事主務、家事手伝）、四八名が農作業に従事していた。これは家庭内での仕事とみられる。しかし、これ以外の卒業生の中には、和服裁縫七三名、建具等五〇名、画家二五名、学校勤務二四名、印刷業八名、写真業六名、洋服裁縫九名というように何らかの職業に就く人もいた。統計上の職業の種類も五四種類と増えていた（東京聾啞学校 一九三五：四二九-四三二）。

他の盲啞学校の状況として群馬県立盲啞学校の例を見てみる。一九三三（昭和八）年までに聾啞者五四名が卒業し、そのうち転校者九名、死亡者三名を除いた四二名のうち最多の一一名が農業、五名が家事手伝といった家庭内での仕事に就いた。しかし、それ以外の卒業生の職業は、裁縫見習い一〇名、草履製造二名、ウチワ製造二名となっていて、家庭の外で働く聾唖者も相当数いた。統計上の職業の種類は進学者等を除いて一七種類になっている（群馬県立盲唖学校　一九三四：五九－六〇）。

このように聾唖者の職域が広がっていった結果、他者からの保護から離れて仕事に従事する聾唖者が増え、聾唖コミュニティーが、これまでより一層大きく社会経済の動向に影響されるようになった。この結果、聾唖コミュニティーの中で、社会経済問題について公共的関心をもつ聾唖者が一層増えていき、聾唖コミュニティーの公共圏形成が一層進展していったのである。このようにしてできつつあった公共圏は、公論形成の場であるがゆえに、手話が公論を形成するコミュニケーション手段としてきわめて重要な討論手段であった。手話が否定されれば公共圏が解体の危機に瀕するほどの重要なものであった。当時積極的に推進された口話法教育は、手話による教育を否定するものであったから、公共圏に属する聾唖者の重大な公共的関心を集めたのであった。

このようにして形成されてきた公共圏の人的範囲は、聾唖者、その家族、聾唖学校教員に限られていた。このことは、当時の大阪聾唖学校教員である藤本が、手真似（すなわち手話）を使うべき人々の範囲を聾唖者、その家族、聾唖学校教員としていることからも明らかである。

「父兄、母姉なり教師たる人々にして街頭で手真似語で談合う事を羞らうような薄弱な信念と不見識との持ち主に対しては、口話手話何れを奉ずるとしても其の教師として将又父兄母姉としてかなえの軽重を問い度いと思うのである。」（藤本 一九二六：一一）

（5）言語分野でのエンパワメント追求

このような公共圏の形成により手話の重要性が一層認識され、聾唖コミュニティーは、大正中期から、就学分野、労働分野だけでなく、手話に対する社会の認知をも求めて、言語分野でのエンパワメントを追求するようになった。

しかし、太平洋戦争開始後、聾唖者団体の活動は休止状態に陥り、再建されたのは戦後になってからであった。

7　戦後の労働分野におけるエンパワメントの追求

日本各地で聾唖団体が再建され、一九四七（昭和二二）年には全国組織としての全日本聾唖連盟が活動を始めた。一九四八（昭和二三）年には盲・聾教育の義務教育化が実現し、就学分野については一応の目標達成をみた。

しかし、労働分野や手話の社会的認知の問題が依然として残っていた。聾唖コミュニティーは、労働問題を中心としてエンパワメントを追求していった。一九六六(昭和四一)年までの約二〇年間、全日本聾唖連盟を中心とする聾唖コミュニティーは、聾唖者の運転免許付与、手話のわかる身障者福祉司の設置、職業訓練所の設置などの労働問題を中心として取り組みを進め、国や地方自治体への陳情活動等を行った。一九五〇年代後半には示威運動、署名運動、カンパ運動等が行われるようになった(藤本 一九五七)。

8 一九六〇年代後半から一九七〇年代前半における公共圏の変化と労働分野でのエンパワメントのあり方

(1) ろうあ運動元年たる一九六六年当時のろう者の労働・生活問題

全日本聾唖連盟が「ろうあ運動元年」と位置づける一九六六(昭和四一)年前後から、ろうコミュニティーにおいて公共圏が変化し、ろう者のエンパワメントのあり方が大きく変わった。

当時、ろう者は、低賃金に苦しんでいた。一九六六(昭和四一)年一一月二五日から二六日の二日間、全国からろうあ青年が集まって全国ろうあ青年研究討論会が開かれ、その分科会の中で、ろう青年から次のような発言が出た。

「職場での不満の第一は賃金である。採用時から安い場合、入ってから安い場合の両方がある。前者の場合は、親と先生と雇用者とで本人の知らぬままに決められている。」(京都府ろうあ協会　一九六七：一七)

このろう者の低賃金問題は、約五〇年近く前の一九一四(大正三)年にも存在していた(藤本　一九一四)。

(2) 聴者との連帯

しかし、エンパワメントのあり方が大きく違っていた。一九六六(昭和四一)年には、ろう者と、同様に経済的不利に苦しんでいる聴者との連帯によるエンパワメントが強調されるようになった(ろうあ年鑑編集委員会編　一九六八：一七九-一八〇、一八五、一九八)。

たとえば、大阪府では、当事者団体である大阪ろうあ協会とは別に、一九六六(昭和四一)年に「ろう者の生活と権利を守る会」が設立されたが、その規約の前文には次のような記載がみられ、聴者との連帯が強調されている。

「私達は、障害の壁をのりこえて、理解し合い、助け合い、しっかりと手をつなぎあって、ろう者に対するすべての差別と不平等に反対し、その生活と権利を守り、ほんとうに平和で民主的な日本をきずきあげるために努力してゆきたいとおもいます。」（ろうあ年鑑編集委員会編　一九六八：一七九‐八〇）

また、一九六八（昭和四三）年五月発行の同会会報では同会の「活動のまとめ」が掲載され、同様にろう者と聴者との連帯が強調された。

「ろう運動は、また、今までの『ろう者だけの』運動から耳の聞こえる人々と一しょにやってゆこうとする運動へ変ってゆこうとしています。ろう者の問題はろう者だけのものではない、そしてきこえる人々の問題もきこえる人だけの問題ではない——という連帯の思想が力強く生まれてきています。…（中略）…『ろう者の生活と権利を守り』『きこえる人と連帯して運動してゆく』というろう運動の二つの新しい柱はますます強く、ますますしっかりと育ってゆくでしょう。」（ろうあ年鑑編集委員会編　一九六八：一八五）

これとほぼ同時期の一九六八（昭和四三）年五月五日に京都の手話学習サークル「みみずく会」（一九六三〔昭和三八〕年設立。日本で最も早い時期に設立された手話サークルの一つ）で、第一回手話の意見発表会が行われ、参加者の一人である向野嘉一（当時京都府内にただ二人しかいなかった手話通訳者の一人）が、ろう者と聴者との連帯の必要性を強調した。

「ろうあ者と聞こえる人たちとの連帯とは、どういうことだろう。本当に連帯し合う、連帯しあえる、これは、ろう教育が今年で九〇年の歴史をもつ京都で、今、ようやく始まろうとしています。これは、ろうあの人々の人権への自覚が、ろうあ者運動として発展してきたところにあるのです。」（ろうあ年鑑編集委員会編　一九六八：一九八）

この新しい動きは、ろう者と聴者との連帯を強調する反面、ろうコミュニティーそれ自体に対しては否定的な評価を示すようになった。

たとえば、前述の一九六八（昭和四三）年五月発行の「ろう者の生活と権利を守る会」会報に載った「活動のまとめ」という文章では、「ろう運動は、また、今までの『ろう者だけの』運動から耳の聞こえる人々と一しょにやってゆこうとする運動へ変ってゆこうとしています。」（ろうあ年鑑編集委員会編　一九六八：一八五）と述べ、「ろう者だけの運動」は好ましくないという視点に立っている。

また、京都府ろうあ協会は、次のように述べて、従来のろうコミュニティーが聴者と連帯しない状態を「ろうあ者の社会の閉鎖性」と表現し、一層明確に否定的な評価をした。

「これまでもろうあ者がろうあ協会という規律ある組織を運営し、集団的に自らを高めていくためにも、口話の外に手話や指話も必要で欠くことのできない表象だった。しかしそれだけではろうあ者の社会の閉鎖性をうちやぶる力にはならなかった。」（京都府ろうあ協会　一九六六：一五八）

この点が、それ以前のエンパワメントのあり方と大きく異なっていた。従前の聾唖コミュニティーでは、聾唖者と聴者とは違った存在であり、手話は聾唖者の独自の言語であることが強調され、聾唖者同士が団結して権利主張をしなければならないと考えていた。藤本（一九二六）も、「手真似をつかう事によって、正しく聾者たる事を認識せしめる標識となり」と述べており、聴者が社会の中で手話を使うことは想定されていなかった。しかし、一九六六（昭和四一）年以降は、ろう者だけの団結ではなく、聴者との連帯をとおしてエンパワメントを図るようになった。このためには聴者とろう者との共通性を打ち出す必要があり、ろう者の言語的独自性が次第に強調されなくなった。

(3) 背景としての六〇年安保闘争

このように聴者との連帯が強調された時代背景として、六〇年安保闘争を挙げることができる。六〇年安保闘争は、当時の岸信介内閣とアメリカとの間で結ばれた「日本国とアメリカ合衆国との間の相互安全保障に関する条約」に対する激しい反対運動であり、幅広い範囲の多数の人々が参加した「国民運動」であった（星野 二〇〇四）。保阪正康は、六〇年安保闘争の状況を次のように記述している。

「労働組合員や学生ばかりでなく、『声なき声』のグループに代表される一般市民や中小企業経営者、農民、商店主、家庭の主婦、老人、高校生までも、国会のデモに駆けつけたほどだった。」（保阪 一九八六：七）

当時のろう者の大学生も、「『安保条約』が身体障害者に対する福祉にもかかわってくるという当然の理論的帰結と、障害者だからといって国家の運命に無関心であることは許されないという純真な気持ちで立ち上がり」（日本聴力障害新聞編集部 一九七三：四）、安保条約に対して反対声明を出すとともに、それぞれの大学で反対運動に参加した。

たとえば、当時同志社大学生で、後に京都ろう学校の教師となったろう者中西喜久司は、次のように述べている。

「その時はあのサンフランシスコ講和条約と日米安保条約が大問題になっていた時でして、私達耳の聞こえない大学生もこの問題に無関心でいていいものだろうかということをだれと言うともなく言いだしました。…（中略）…おのおの大学でできるだけデモ隊に参加して、自分も聞こえないけれども国民の一人としてやっているんだという自覚と誇りをもってやっていかなあかんのと違うんかと、そこは若いんでいっしょうけんめい話し合ってやったわけです。」（中西　一九七三：六三）

また、当時京都大学に通い、後に弁護士になったろう者松本晶行も次のように述べている。

「〝安保斗争〟なんかでも、私もよくデモに行ったわけですけれども、デモの最初に集会みたいなものがありますね。そこで、あいさつだの報告だのがあってそれからデモに出発するという順序になりますが、そういう時、いっていることが全然わからない。…（中略）…〝わからんけれどもとにかく自分が入ったらデモが一人ふえる。それだけの意味があるんだ。だから何もわからんでもそれでいいんだ。だからとにかく集会に行く。デモに参加する〟。

そういう気持ちだけで行っていたように思います。」（松本 一九七四：一四九）

この運動に参加した若いろう者には、後に全日本聾唖連盟の理事長となった高田英一や理事となった松本、中西など、後の全日本聾唖連盟の中心となる人々が含まれていた。彼らは、この国民運動に参加したという原体験を背景に、ろう者と聴者との連帯を強調し、新たなエンパワメントを追求していった。

（4）もう一つの背景としての公共圏の変化

安保運動に参加していない他のろう者たちは、当初は、聴者との連帯を強調する考え方に半信半疑であった（前田 二〇〇八）。しかし、最終的には、この考え方を受け入れた。

これが可能になったのは、当時のろう者の公共圏が変化していたからである。戦前と異なり、ろう者が聴者と公共圏を共有するようになった。これが、聴者との連帯を強調する考え方を受け入れる環境を作り出したのである。

公共圏の変化のきっかけとなったのは、ろう者の職域の変化である。京都府ろうあ協会が、その過程を次のように説明している。

「ろうあ者の職業能力が社会的にいくらか認められる契機となったのは、太平洋戦争のためである。…（中略）…昭和二〇年、学徒動員令が発令され、聾学校は閉校となり、生徒は『第二教室』を改造した作業場で計器作りをやらされた。戦後、ぼつぼつ求人の形で就職斡旋が行われるようになった。ながく続いた経済界の混乱とひどい就職難のなかで普通人に嫌われ、人手不足に悩んでいる零細企業へろうあ者は進出した。」（京都府ろうあ協会　一九六六：一四五）

一九六六（昭和四一）年になると、ろう者の職業状況がさらに変化した。前述の全国ろうあ青年研究討論会に参加したのは三五歳以下のろう青年であった。この討論会の場でアンケート調査がなされ、職種関係の設問に対して九〇名が回答した。その中で家庭内の職業に就いていたことが明らかなのは一名の農業従事者のみであった。それ以外は、学生六名を除き、印刷・文選・製本一五名、洋裁・紳士服一一名、木工一一名、教員七名、事務員五名といった職業に就いていた。また、職場規模の設問に対する回答者七九名のうち、一〇名以下の職場に従事しているろう者は二一名で、一一〜五〇名規模の職場に従事していたろう者が最多の二四名、五一〜一〇〇名規模では一八名、一〇一〜五〇〇名規模では一一名、五〇〇名以上の規模では五名のろう者が働いていた（京都府ろうあ協会　一九六七：三三―三四）。零細企業といえないような大規模の職場で稼働するろう者が出てくるようになった。

これが昭和初期と大きく異なっていた。昭和初期には、聾唖者のうち家事手伝い、農業、家務といった家庭内での仕事に就く人が最も多かった。一九六六（昭和四一）年には、ろう者青年の就職状況が大きく変化し、大多数のろう者青年が、家の外で数多くの聴者とともに同じ職場で働いていた。このような就職状況の変化の結果、ろう者青年は、必然的に聴者と接触しやりとりをする機会が増えていった。これに伴い、ろう者の公共圏もまた大きく変化し、聴者と公共圏を共有するようになったのである。ろう者と公共圏を共有する人々として、視覚障がい者などの障がい者や、労働者、女性や高齢者、農業従事者など、低収入などで経済的に不利を受けている人々を含むようになった。このように公共圏が広がっていったことは、板橋正邦らによる次の記述からも明らかである。

「『連帯』という言葉を考えるとき、私たちは同じ立場の人たちのことを先ず考える。盲人、肢体不自由者、低賃金にあえぐ人々、母子ホームや老人ホームの人々、農村の人々……（中略）……のことが頭にうかんでくる。」（板橋ほか編 一九六八：三七）

このような公共圏の変化があったからこそ、ろう者と聴者との連帯を強調することによってエンパワメントを図る考え方を、当時のろうコミュニティーが受け入れたのである。このきっかけとなった全国ろうあ青年研究討論集会は、後に全日本聾唖連盟によって「差別青研」と称される有名な集会となった。

(5) 聴者との連帯を選んだろうコミュニティーと手話のあり方

このような聴者との連帯を図るためには、聴者とのコミュニケーションを仲介する手話通訳者がどうしても必要であった。京都府ろうあ協会は、次のように述べて、手話通訳者の必要性を明らかにしていた。

「身体障害者団体連合会や身体障害者福祉審議会にろうあ者もその代表を送っている。しかし単に出席するだけでは、会議の流れをつかみ、適切な時に適切な発言はできない。聴者で手話に堪能な通訳がどうしても必要になる。」（京都府ろうあ協会 一九六六：一五八）。

また、聴者に対して手話を普及することも重要な課題であった。聴者と同一の公共圏を形成するからには、共通のコミュニケーション手段である手話を広めることが必要不可欠であった。そこで、全日本聾唖連盟は、手話と音声日本語との対応関係を進めることにより、聴者への手話の普及を目指した。差別青研の三年後である一九六九（昭和四四）年に手話単語集『わたしたちの手話』第一巻を発行し、そこで標準手話を規定した。この発刊の目的について、聴者との連帯を重視した中心人物の一人であり、後に全日本ろうあ連盟の理事長を務めた高田は、当時を次のように述べている。

「全日本ろうあ連盟が標準手話を規定した動機は二つある。一つは全国的には数多くの手話方言があるので、それだけでは全国的に見た場合、コミュニケーションの手段として不便なので全国的な手話の共通性を高め、コミュニケーションの便宜の向上を図るということがある。もう一つはその当時、ちょうど健聴者による手話サークルが全国的に誕生してきたので、それら手話学習者の便宜のために手話の型（手の位置、手の運動方向を含めて）を決め、日本語との対応関係について合意を図るという目的があった。」（高田 一九九一：二 三）

このように、ろう者と経済的不利を受けている聴者との間に同一の公共的関心を見出し、日本語と手話との対応を重視する考えは、後に、手話を媒介として聴者とろう者との言語的共通性を強調する考えにつながっていった。

「普及の範囲はまだ狭いが、いまや手話はろう者の言語にとどまらず、ろう者と健聴者の共通の言語として発展しつつある。」(高田 一九九一:二一一)

反面、手話独自の文法は、ろう者の公共圏の中では、公共的関心の度合いが低くなっていった。前述の高田は次のように述べる。

「統語法については標準手話の規定はない。その理由は、手話の統語法については未解明の部分が多く、まだ一定の統語法をもって標準手話を規定する根拠に乏しいためである。」(高田 一九九一:二一三)

このように、手話と日本語との互換性を重視する一方で、手話の統語法については標準手話の規定をしないという考え方のもと、手話サークルでは、手話を音声日本語の文法に引きずられた形で習う聴者が増え、これに対してろう者は違和感を抱いた。標準手話の制定を推し進めた高田も、次のように一九七〇~一九八〇年代にはすでに同様の違和感をもっていたとのことである。(3)

「私たちも健聴者の改まった『書き言葉』使いに引きずられて、随分おかしな手話になっ

たなどと話し合ったことを思い出します。」（高田 二〇一一：二六）

（6） 聴者との連帯から得られた成果

差別青研が開かれた当時のろう者の公共的関心は、このような違和感をもちながらも、労働問題や生活問題を解決することをより重視していた。この問題を解決するために、ろうコミュニティーは、同様に経済的不利益を受けている聴者との連帯を強調し、この連帯を実現するために様々な場面での手話通訳設置を求めて社会運動を推し進めていった。この社会運動の成果として、今なお様々な課題は残っているものの、日本における手話通訳者制度が形作られ、ろう者の権利保障の水準も不十分ながらも上昇していった。これに加えて、聴者との連帯を重視する考え方は、多様な人々との間の連帯を本質とする「市民性」の涵養にもつながっていった。

9　ろう文化宣言と言語分野での新たなエンパワメントのあり方

（1） ろう文化宣言

前述の「差別青研」から約三〇年が経過した一九九五（平成七）年に、国立リハビリテーション学院手話通訳学科の教官である木村晴美・市田泰弘が、「ろう文化宣言」を公表した。

「『ろう者とは、日本手話という、日本語とは異なる言語を話す、言語的少数者である。』――これが、私達の『ろう者』の定義である。これは、『ろう者』＝『耳の聞こえない者』、つまり『障害者』という病理的視点から、『ろう者』＝『日本手話を日常言語として用いる者』、つまり『言語的少数者』という社会的文化的視点への転換である。」（木村・市田 一九九五：三五四）

この宣言は、「手話は音声言語に匹敵する、複雑で洗練された構造をもつ言語である」（木村・市田 一九九五：三五四）と強調し、このような手話の中で日本のろう者が使っているものを「日本手話」と呼ぶ一方で「日本語を話しながら手話単語を並べるコミュニケーション」手段を「シムコム」として区別し、「日本手話を習得しているろう者にとって、シムコムは骨の折れる手段であると同時に、同じメッセージを伝えるのに日本手話の倍近く時間がかかる非常に『まどろっこしい』手段でもある」（木村・市田 一九九五：三五四）と述べた。

木村・市田はこのように手話とシムコムとを区別した上で、ろう教育については、前者の「手話」を使用したバイリンガル教育が必要だと強調した。

「現在、ろう者が熱い期待をよせているのが、北米の一部や北欧各国で採用されているバイリンガル・アプローチである。これは、ろうの子供たちが自然に習得できる言語は手話であり、まず手話を習得する機会を与え、それを基盤に、書きことばや話しことば、学力を身につけさせようというものである。これまでのような『初めに音声言語ありき』という固定観念を打破し、『学力の遅れを解消するためにも、より徹底的な口話教育を』とする、多くの教育者が陥っている悪循環を断ち切ろうとするものであると同時に、もう一度、ろう者の教育をろう者自身の手に取り戻そうとするものである。」（木村・市田 一九九五：三五八）

手話とシムコムとの区別の原型となる考え方はすでに高田（一九八四）の論文に見られ、また、バイリンガルろう教育についても二文字理明（一九八四）や鳥越隆士（一九八八）により紹介されていたが、木村・市田（一九九五）によるろう文化宣言はより一層明確な形で日本手話とシムコムとを区別し、日本手話と書記日本語の二言語を用いたバイリンガルろう教育が必要だと強調した。この「ろう文化宣言」は、ろう者の言語的独自性を強く打ち出したものであり、新たなエンパワメントのあり方を示した。これは、従前の聴者との連帯を重視するエンパワメントのあり方とは著しく異なるものであった。

（2）ろう文化宣言の背景としての公共圏の変動

ろう文化宣言がなされた要因の一つとして、ろうコミュニティーにおいて公共圏が再び変動したことが挙げられる。「差別青研」が開かれた一九六六（昭和四一）年と、ろう文化宣言が発表された一九九五（平成七）年との間の約三〇年のうちに、ろうコミュニティーの公共圏が再び変化するようになったのである。ろうコミュニティーが公共的関心を共有する人々として、経済的に不利益を受けている人々ではなくて、多文化共生に関心を抱く人々を包容するようになった。たとえば、月刊誌『現代思想』編集部が、木村・市田（一九九五）が発表したろう文化宣言に対する様々な意見をとりまとめて「総特集　ろう文化宣言」と題した臨時増刊号を一九九六年に発行したが、執筆者として、多文化共生に関わる人々が名を連ねているのである。

（3）職業状況・所得状況に対する公共的関心の希薄化

このような公共圏の変化は、ろう者の職業状況と所得状況の変化から影響を受けている。まず、職業状況では、身体障害者雇用促進法（現・障害者の雇用促進等に関する法律）が一九七六（昭和五一）年に改正され、障害者法定雇用率が努力義務から法的義務に変わった。この法改正により、聴覚障がい者の職域が飛躍的に拡大し、大企業に就職し、あるいは中小企業から大企業に転職する聴覚障がい者が、ろう者も含めて大幅に増えた。一九六六（昭和四一）年の差別青研でのアンケートでは、回答者七九名のうち五〇〇名以上の規模の事業所で働いているろう者は五名であり、六・三％にすぎなかった。しかし、前述の法律改正により、大企業で働くろう者が急激に増えた。旧労働省が五年おきに実施している障害者雇用実態調査によると、五〇〇名以上の規模の事業所に就労する聴覚障がい者の割合が、一九七八（昭和五三）年では一三・〇％、一九八三（昭和五八）年では一七・六％、一九九三（平成五）年では一五・五％というように、大企業に就労する聴覚障がい者の割合が一九六六（昭和四一）年と比べて大きくなっている。

これに伴い、聴覚障がい者の給与所得も、聴者と比べると格差はあるものの上昇がみられる。前述の障害者雇用実態調査によると、聴覚言語障がい者に対して決まって支給する給与（平均月額）が、一九七八（昭和五三）年では一二万一六〇〇円（聴者を含む常用労働者全体では一六万八〇〇〇円）、一九八三（昭和五八）年では一四万九六〇〇円（常用労働者全体では二一万一八〇〇円）、一九八八（昭和六三）年では一七万四〇〇〇円（常用労働者全体では二五万六一〇〇円）、一九九三（平成五）年では二〇万七〇〇〇円（常用労働者全体では二七万一〇〇〇円）と上がっている。これに加えて、障害福祉年金が段階的に引き上げられ、ろう者が障害福祉年金における障害等級一級に該当する場合、一九七八（昭和五三）年では月額二万四八〇〇円、一九八三（昭和五八）年では三万七七〇〇円であった。その後、一九八六（昭和六一）年に年金制度が改正され、ろう者が受給していた障害福祉年金が障害基礎年金に移行し、年金額が大幅に引き上げられた。ろう者が障害基礎年金での障害等級一級に該当する場合、一九八八（昭和六三）年で月額六万五三三三円、一九九三（平成五）年では七万一五〇〇円と上がっている。ろう文化宣言が公になる直前の一九九四（平成六）年には、障害等級一級のろう者については月額八万一二五〇円になっており、聴者との間の給与格差が、障害基礎年金によって十分に補われるようになっている。また、一九六六（昭和四一）年以降のエンパワメント追求の成果として、数多くの聴者が手話を習うようになり、手話通訳者制度が相当程度確立されてきた。この結果、それ以前と比べて安定した生活を送れるろう者が増え、給与問題、生活問題もある程度改善されてきた。

この結果、ろうコミュニティーにおいて、労働分野における公共的関心が薄れるようになった。事実、当時全日本聾唖連盟青年部中央委員のろう者嶋本恭規は次のように述べている。

「今の若い人は大企業に入れる。高い給料ももらえる。コミュニケーションの部分で少し我慢すればよい生活ができる。そのような生活が当たり前になっているから運動が必要ないと考えているのではないかと思います。」（高田ほか 二〇〇六：一二三）

（4）手話の社会的認知に対する関心の高まり

このように労働分野における公共的関心が薄れていく一方、手話の社会的認知の問題が依然として残されていた。このため、ろうコミュニティーの中に、手話に対する公共的関心が高まり、手話と日本語とは異なる言語であることが強調されるようになった。標準手話の制定を推し進めた高田英一も、一九八四（昭和五九）年には、聴者との連帯と手話と日本語との互換を重視する一方で、手話は日本語とは異なる語順があり、言語として異なっていることを強調した。

「実際、演説や講演をやってみますと、日本語をしゃべり、手話で話す同時進行は非常にむつかしい。やる方でむつかしいだけでなく、見る方でもよく分からない。これは口と手を同時に動かすことがむつかしいだけでなく、やはり、異なった『ことば』を同時に進行させることのむつかしさだと思うのです。」（高田 一九八四：六六）

このようにろう者の公共的関心の所在が変動したことに伴い、ろう者の公共圏が再び変化しはじめた。同一の公共的関心を共有する人々として、経済的に不利益を受けている人々でなく、多言語を代表とする多文化共生に関心を抱く人々を包容するようになった。(4) このような公共圏の変化を背景に、高田（一九八四）とは異なり、社会的不利益を受けている聴者との連帯よりも、ろう者の言語的独自性を重視するろう文化宣言が生まれたのであった。

（5） ろう文化宣言の後

ろう文化宣言の発表後、ろうコミュニティーの中には、経済的不利を受けている聴者との連帯を重視しようとする考えと、ろう者の言語的独自性の方に重きを置こうとする考えとの間に激しい議論が起きるようになった。このように、ろうコミュニティーの公共圏の変動を前提としてろう文化宣言が公にされ、それを契機に、聴者との連帯よりは、ろう者の言語的独自性を強調する新たなエンパワメントのあり方が生まれてきたのであった。このような言語的独自性を強調する考えを支持する人々を中心に、二〇〇八（平成二〇）年に、学校全体としてバイリンガル教育に特化したろう学校「明晴学園」が設立されるに至った。このような状況は、ろう者にとっての新たな「市民性」のあり方を示すものでもあった。前述の通り、人間一人ひとりがそれぞれ異なる立場と背景を有していることと、これを互いに尊重し合わなければならないというのが、市民性の前提である。ろう者の言語的独自性を強調することはこのような市民性のあり方と深く関わるものであった。

10 ろう学生に対する教養教育と市民性の涵養のあり方

私としては、ろう者と同様に社会的に不利益を受けている聴者との連帯が重要であるとともに、ろう者の言語的独自性を強調する必要があると考えている。

まず、聴者との共通性としては、日本国憲法上の基本的人権を等しく享受すべきであること、権利侵害の内容には聴者と共通する点があることを強調しなければならない。安定した生活を送るろう者が増えてきたとはいえ、聴者との間の所得格差は依然として残り、また、手話通訳者の保障を受けられない場面が依然として多く、ろう者は社会生活を送る上で様々な人権侵害に直面している。このような人権侵害を受けているのはろう者に限られるわけでなく、聴者の間にも、部落差別、女性差別などの様々な人権侵害が残っている。このような社会的抑圧を受けている人々と連帯して人権侵害と闘わなければならない。この点で、聴者との共通性が強調されなければならない。

他方、ろう者の言語的独自性も重要である。とりわけ学校教育の場面においては、ろう者の言語的独自性が必要不可欠である。また、ろう者同士の自然なコミュニケーションを可能にする独自の文法は重要である。さらに言うと、手話こそがろう者の人格そのものである。この考え方は、今から七〇年以上も前の一九四〇（昭和一五）年に、聾唖者の中に既に存在していた。たとえば、当時大阪市立聾唖学校の聾唖者教員であった藤本は、次のように述べて、手話は聾唖者の人格そのものであると強調している。

「手真似も亦、其人格を現すものとして、尤も如実なるものである事は、何人もおそらく否定せぬであらう、故を以て、私は敢えて『手真似は人なり』と言う所以である。実に聾唖者の場合に於て、私は敢て、『手真似は人なり』と謂う所以である。」（藤本 一九四〇：五）

冒頭において述べたように、「市民性」の前提として、まず第一に、人間一人ひとりがそれぞれ異なる立場や背景を有していることと、これを互いに尊重し合わなければならないことが必要である。また、第二に、人間一人ひとりが、「誰からも支配されず誰をも支配しない、他者との対等な関係」をもつことも不可欠である。ろう者にとっての「市民性」とは、まず第一に自らの言語的独自性を認め、第二に、言語的独自性や権利面で、聴者との対等な関係を有し、その上で、聴者と連帯して社会問題に取り組む姿勢や行動を共有することである。このような市民性を涵養することが、ろう者に対する教養教育の本質なのである。

11 ギャロ－デット大学での授業の体験

私が、ろう者のエンパワメント、市民性の涵養と法律学との関係について強く意識するようになったのは、ギャローデット大学への留学がきっかけである。

二〇〇三（平成一五）年に私は、ダスキン愛の輪基金から奨学金を得てギャローデット大学に留学した。同校はアメリカのワシントンDCにあり、原則としてろう者だけが入学できる大学である。この年の秋に、私はアーリン・ケリー准教授（当時）によるろう者学（Deaf Studies）学科の授業「抑圧のダイナミズム」に出席した。この授業でアメリカにおける人種差別、女性差別、障がい者差別を学んでから、これとの関連でのろう者のエンパワメントも学んだ。特に印象に残ったのは、差別を受けている黒人の間でアイデンティティの葛藤があるということであった。ここに、ろう者のアイデンティティの問題との共通性を感じ、強烈な印象を受けた。さらに、指定図書として *Deaf Empowerment: Emergence, Struggle, and Rhetoric*（Katherine A. Jankowski：1997）を読んだ。そこには、アメリカろう者による社会運動（social movement）には、様々な抑圧に対して長年苦闘してきたという歴史があること、現在もなお、ろう者のエンパワメントを実現すべく社会運動が続いているということが詳細に記述されていた。

留学する以前は、アメリカにはＡＤＡ法やＩＤＥＡ法があり、障がい者差別への対策は日本と比べるとはるかに進んでいるのだろうと私は想像していた。しかし、この授業を受けて、アメリカではろう者は今もなお差別と闘っていること、メインストリーミングが非常に進み、多数の聴者生徒の中でろう生徒が孤立しがちでアイデンティティやエンパワメントが深刻な問題になっていることがよく理解できた。ろう者の独自性を強調しているはずのデフ・スタディーズ学科の授業の中に「抑圧のダイナミズム」という授業があり、差別に関して聴者との共通性も学んでいることそれ自体、アメリカのろう者は自分のエンパワメントを目指して苦闘し、その結果、市民性を獲得していっていることを示している。それを深く認識させられた。現在、ギャローデット大学での担当教員は別の人に変わったようであるが、「抑圧のダイナミズム」の授業自体は今も続いている。私も、日本で、ろう学生を対象に、このような内容の授業をしたいと思うようになった。

12　日本での法律学授業と市民性の涵養

帰国後、大学の非常勤講師として、ろう学生を相手に教養教育としての法律学を担当する機会に恵まれた。筑波技術大学と日本社会事業大学である。その授業の中で、日本国憲法を教えることになった。日本国憲法と市民性の涵養とは密接な関係にあり、授業の中で、日本のろう学生の市民性の涵養を意識するようになった。

このようなろう学生に対する教養教育とそれによる市民性の涵養は、特に次の二つの面で極めて重要な意義をもっている。

第一に、ろう者は、円滑なコミュニケーションを可能にする手話を自由に使うことで、公共的関心の共有を可能にし、市民性の涵養に役立つものであるが、口話法教育は、そのような手話を低く評価し、市民性の涵養を妨げるものである。ろう学生はまさに現在そのような口話法教育を受け、あるいは直前まで受けていた当事者である。自分にとって円滑なコミュニケーション手段を回復することが、市民性の涵養に不可欠の前提である。

第二に、ろう学生の市民性の涵養が、成人ろうコミュニティーの発展につながり、ひいては、障がい者全体の地位向上にもつながるからである。

アメリカがそれを実証している。アメリカのろう者が、様々な立場の人々との連帯を可能にしたのは、一九八八年のギャローデット大学学長運動がきっかけである。ギャローデット大学のろう学生が主導して、聴者の学長に代えてろう者の学長選出を求めた。この運動は、アメリカの連邦議会議員までも巻き込む形で多数の聴者との連帯を実現し、これによって成功を収め、ろう者が学長に選ばれるに至った。これは、成人ろうコミュニティーのエンパワメントにもつながった。例として、この学長運動の後、アメリカ国内のろう学校のろう者校長が大幅に増えたことが挙げられる。学長運動前はわずか四名にすぎなかったのが、運動後の一九九五年には二二名に増えた（Jankowski 1997：146）。のみならず、この学長運動が、アメリカの多数の障害者の連帯による「一九九〇年のＡＤＡ法制定のきっかけともなった」とされている（Fleischer & Zames 2001：28）。このＡＤＡ法はアメリカのすべての障がい者に対する差別を禁止した世界初めての包括的な法律である。この法律制定がアメリカのみならず世界全体の障がい者に大きな影響を与え、世界全体の障がい者が連帯して、国連の障害者権利条約成立にも結びついたのである。

日本にも、成人ろうコミュニティーの発展のためにろう学生が重要な役割を果たした実例がある。前述のように、大学に通うろう学生が六〇年安保闘争を経験した後、全日本聾唖連盟の理事長等の役職に就いて、差別に対する闘いや手話通訳者制度の整備等に中心的役割を果たして、社会福祉制度の発展に貢献し、成人ろうコミュニティーの発展につながった。

このような点を考慮し、ろう学生に対して、同様に社会的に不利益を受けている聴者との連帯を意識させるとともに、ろう者の言語的独自性を強調することを目指して授業を工夫している。

具体的には、大学における日本国憲法の授業の中で、まず最初に、部落差別や女性差別など社会的な差別問題について学習し、ろう学生に対して聴者との共通性を意識させることを目指している。これに続いて、障がい者差別やろう者差別の学習に進み、一九六五（昭和四〇）～一九六六（昭和四一）年の京都府立ろう学校授業拒否事件、一九六七（昭和四二）～一九七四（昭和四九）年の自動車運転免許裁判運動、一九九八（平成一〇）～二〇〇一（平成一三）年のろう者薬剤師免許不交付をきっかけとする差別法規改正運動について授業を行う。その授業の中で、ろう者の言語的独自性を織り込んでろう学生に対して自ら考える材料を提供している。このようにして、聴者とろう者との共通性、ろう者の独自性について学生に考えさせ、自らの「市民性」を涵養する機会を与えるよう努めている。

授業を受けた学生からは、次のような感想を聞く。「聴者も差別で苦労していたのだなあ」、「ろうの先輩たちはいろいろと頑張ってきたんだな」と。ろう学生の中には、ろう学生団体に入って他のろう学生と共に活動する学生も現れている。私としては、将来的には、このろう学生が、自らの「市民性」を涵養する権利を実現し、併せて、地域の聾唖コミュニティーを引っ張っていく力になってくれればと思っている。

注

（1）手話を日常使用する聴覚障がい者を総称する用語については、「ろう者」「ろうあ者」「聾者」「聾唖者」というように様々な呼称が用いられているが、明治期から戦後直後までの間は聾者と唖者とを区別する考えもあり、また、両者を合わせた用語として「聾唖者」という呼称が使われていた。このため、一九五〇年代以前については「聾唖者」と統一した。それ以後については聾者と唖者とを区別する考えが次第になくなり、現在はもっぱら「ろう者」という呼称が用いられているので一九六〇年代以降は「ろう者」と統一して用いる。

（2）末森（二〇一五：一九一）によれば、盲唖学校教員で戦後に全日本聾唖連盟長になった聾者の藤本敏文が、一九一五（大正四）年に、すでに「『手真似』は〈聾唖〉の言語である」との趣旨を述べていたとのことである。

（3）もっとも、高田は、このようにおかしな手話は「進歩」の過程であるとしている。「それは紛れもなく、手話が改まった場面で使う日本語の『書き言葉』に似た言葉遣いに変化していく過程でもあったのです。語順など文法が変わり、名詞などの語彙は拡大していきましたが、元の手話単語に変化はなく、手話のこれまでの話し方もそのままですが、新しい話し方が生まれてきたのです。内向けの話し方から、時と場合によって表向けに変化するふた通りの話し方が生まれてきたのは疑いもなく進歩といえます。」（高田二〇一一：二六）

（4）　田門（二〇一二：二一〇-二二四）は、「ろうコミュニティー」の構成員の範囲について二つの考え方があることを論じている。一つは「ろう文化」を身につけている人だけとするものであり、もう一つはそれに限らず、ろう者と日々つきあいがあり共通する様々な問題についてろう者と共に力を尽くす聴者、中途失聴・難聴者も含むとするものである。このように二つの考え方があることは、ろう者にとっての「公共圏」が昭和四〇年代と昭和六〇年代の二度にわたって変化したことと密接な関係がある。

参考文献

板橋正邦・九鬼英二・斎藤禎子編（一九六八）『第2回全国ろうあ青年研究討論会報告書』、第2回全国ろうあ青年研究討論会運営委員会。

岡本稲丸（一九七八）「京都市立盲唖院の発展」盲聾教育開学百周年記念事業実行委員会編集部会編『京都府盲聾教育百年史』盲聾教育開学百周年記念事業実行委員会、一二〇-一三四頁。

岡本稲丸（一九九〇）「わが国聴覚障害教員略史――戦前・戦後を中心に」『ろう教育科学』三二(二)、九一-一〇六頁。

鎌田榮八（一九〇六）「同」『口なしの花』一、四-五頁。（引用に際しては、旧かなづかいは現代かなづかいに、旧字体は新字体に変えた。）

川田譽音（二〇一二）「臨床福祉へのエンパワーメント・アプローチ」『龍谷大学社会学部紀要』四〇、七二-八二頁。

川本宇之介（一九四〇）『聾教育学精説』信楽会。（引用に際しては、旧かなづかいは現代かなづかいに、旧字体は新字体に変えた。）

木村晴美・市田泰弘（一九九五）「ろう文化宣言　言語的少数者としてのろう者」『現代思想』二三（三）、三五四－三六二頁。

京都府ろうあ協会（一九六六）『京都府ろうあ協会の歴史と諸問題』京都府ろうあ協会。

京都府ろうあ協会（一九六七）『社団法人京都府ろうあ協会設立10周年記念大会――全国ろうあ青年研究討論会まとめ』京都府ろうあ協会：合本、全日本聾唖連盟青年部編、一九八四、『全青研・起源～差別青研から』全日本聾唖連盟青年部、四－三四頁（頁付は合本による）。

群馬県立盲唖学校（一九三四）『学校要覧』群馬県立盲唖学校。

小西信八（一九一〇）「盲唖生の相違」『口なしの花』九、七一－七二頁。（引用に際しては、旧かなづかいは現代かなづかいに、旧字体は新字体に変えた。）

小西信八（一九一一）「訓辞」『口なしの花』一〇、一六－一八頁。（引用に際しては、旧かなづかいは現代かなづかいに、旧字体は新字体に変えた。）

佐藤達平（一九二〇）「労働問題」『殿坂の友』二二、四四－四五頁。

末森明夫（二〇一五）「日本の聾唖空間の親密圏・中間体・公共圏の変容に伴う『いわゆる日本の手話』の変遷」『生存学』八、一七八－一九四頁。

高田英一（一九八四）「手話はことばなり（2）」『季刊ろうあ運動』三四、全日本聾唖連盟、六一－六八頁。

高田英一（一九九一）「コミュニケーションの現状と課題」新しい聴覚障害者像を求めて編集委員会編『新しい聴覚障害者像を求めて』全日本聾唖連盟出版局、二一一－二一八頁。

高田英一（二〇一一）「手話の特徴」社会福祉法人全国手話研修センター編『よくわかる！手話の筆記試験対策テキスト』中央法規出版、二一－二七頁。

高田英一・太田陽介・平政明・山崎幸司・小野藍子・島本恭規・吉村洋子（二〇〇六）「座談会２００６　全日本ろうあ連盟の明日はどっちだ！」財団法人全日本ろうあ連盟青年部編『青年白書２００６』財団法人全日本ろうあ連盟青年部、二‐一六頁。

武田修（二〇一二）「聴覚障害教育の歴史」ろう教育科学会編『聴覚障害教育の歴史と展望』風間書房、五七‐九一頁。

田門浩（二〇一二）「ろうコミュニティのこれから」佐々木倫子編『ろう者からみた「多文化共生」――もうひとつの言語的マイノリティ』ココ出版、二一〇‐二五一頁。

東京盲唖学校編（一九〇一）『東京盲唖学校沿革略』東京盲唖学校。

東京聾唖学校著（一九一〇）『東京聾唖学校概覧』東京聾唖学校。

東京聾唖学校著（一九一七）『東京聾唖学校要覧』東京聾唖学校。

東京聾唖学校編（一九三五）『創立六十年史』東京聾唖学校。

東京聾唖学校編（一九四二）『聾唖学校初等部各科指導の変遷』東京聾唖学校。

鳥越隆士（一九八八）「ろう児における手話言語獲得――研究の動向と展望」『日本手話学術研究会論文集』九、三九‐六四頁。

中西喜久司（一九七三）「私にとって手話とはⅠ」『ろう教育科学』一五(二)、五九‐七八頁。

日本学術会議（二〇一〇）「大学教育の分野別質保障の在り方について」日本学術会議（http://www.scj.go.jp/ja/info/kohyo/pdf/kohyo-21-k100-1.pdf）。

二文字理明（一九八四）「スウェーデンの聴覚障害児の教育と福祉（1）」『ろう教育科学』二六(三)、一三七‐一四四頁。

日本聴力障害新聞編集部（一九七三）「大家内閣三期九年の総括〈上〉」『日本聴力障害新聞』昭和四八年六月一日号、四頁。

野沢克哉（一九九一）「聴覚障害者の労働状況の変遷と展望」新しい聴覚障害者像を求めて編集委員会編『新しい聴覚障害者像を求めて』全日本聾唖連盟出版局、一一四-一二六頁。

長谷川公一（二〇〇七）「社会運動と社会構想」長谷川公一・浜日出夫・藤村正之・町村敬志『社会学』有斐閣、五一一-五四二頁。

樋口長市（一九三一）「口話を教授するは手話者を迫害する為ではない」『殿坂の友』二三、一-三頁。

藤本敏文（一九一四）「唖人問題」『殿坂の友』三〇、三-六頁。

藤本敏文（一九二六）「手真似をより広く街頭へ」『聾唖界』三四、一四-二二頁。（引用に際しては、旧かなづかいは現代かなづかいに、旧字体は新字体に変えた。）

藤本敏文（一九四〇）「手真似は人なり」『殿坂の友』四四、五-六頁。

藤本敏文（一九四三）「きれいな手話」『殿坂の友』四六、二〇-二一頁。

藤本敏文（一九五七）「論説　聾唖者と年金制度について」『日本聴力障害新聞』一九五七年七月一五日号、一頁。

藤本敏文編（一九三五）『聾唖年鑑』聾唖月報社。（引用に際しては、旧かなづかいは現代かなづかいに、旧字体は新字体に変えた。）

保阪正康（一九八六）『六〇年安保闘争』講談社現代新書。

星野潔（二〇〇四）「現代の社会運動の組織形態」帯刀治・北川隆吉編著『社会運動研究入門――社会運動研究の理論と技法』文化書房博文社、一六九-一九七頁。

前田定幸（二〇〇八）「日本初の手話サークル誕生」京都聴覚言語障害者福祉協会編『聴覚障害者福祉の源流』五六-七〇頁。

松本晶行（一九七四）「私にとって手話とはⅡ」『ろう教育科学』一六(三)、一四三-一五四頁。

丸山良二（一九三五）「聾児の心理」東京聾唖学校編『東京聾唖学校紀要第二巻』東京聾唖学校、一三〇-一五二頁。（引用に際しては、旧かなづかいは現代かなづかいに、旧字体は新字体に変えた。）

三浦浩（一九〇六ａ）「謝辞」『口なしの花』一、六-七頁。（引用に際しては、旧かなづかいは現代かなづかいに、旧字体は新字体に変えた。）

三浦浩（一九〇六ｂ）「世の博愛家に望む」『口なしの花』一、一五-一六頁。（引用に際しては、旧かなづかいは現代かなづかいに、旧字体は新字体に変えた。）

三浦浩（一九一〇）「聾唖者の処世法を論ず」『口なしの花』七、九-一四頁。（引用に際しては、旧かなづかいは現代かなづかいに、旧字体は新字体に変えた。）

目黒文十郎（一九〇六）「会員諸君に一言す」『口なしの花』一、三-四頁。（引用に際しては、旧かなづかいは現代かなづかいに、旧字体は新字体に変えた。）

ろうあ年鑑編集委員会編（一九六八）『１９６８年度版　ろうあ年鑑』全日本聾唖連盟。

Fleischer, D. Z. & Zames, F. (2001) *The Disability Rights Movement: From Charity to Confrontation*, Temple University.

Jankowski, K. A. (1997) *Deaf Empowerment: Emergence, Struggle, and Rhetoric*, Gallaudet University.

第4章　アジアの中の「手話による教養大学」

石井靖乃

1　手話は重要テーマの一つ

日本財団と聞いてボートレースを思い浮かべる人もいれば、日本中いたるところで見かける車体いっぱいに緑色のロゴが描かれた福祉車両を想像する人も少なくないだろう。実際の日本財団の活動分野は職員でさえすべてを正確に把握することが難しいほど多岐にわたる。現在、聴覚障害者大学教育支援プロジェクトはじめ、ろう者と手話は重要テーマの一つとなっているが、そこに至る事業の変遷や今後の期待や展望について述べたい。

2　アジアにおける聴覚障がい者支援

私が日本財団国際協力グループに入った一九九五（平成七）年には、日本財団はすでにアメリカのギャローデット大学とロチェスター工科大学ＮＴＩＤに途上国の学生が留学してくるための奨学金を設置していた。これらの大学はろう者の間では大変有名で、それぞれ文系、理系においてろう者の大学としては世界の頂点といっても過言ではない。当時から日本財団はこれら大学に、途上国のろう者が留学して学ぶための奨学金を設置していたのだ。つまり、ろう者と手話に関して、現場で支援するプロジェクトこそやってはいなかったが、当時から奨学金事業を通して接点はあったということだ。

ときどき途上国支援のために、なぜ当該国でもなく日本でもない他の国の大学に助成をするのか？　と問われることがある。日本財団の場合はＯＤＡ（政府開発援助）の場合とは異なり、日本への留学や日本からの専門家派遣にこだわる必要はないと考えている。世界中でベストであると思われる組織や個人にプロジェクトに参加してもらえればそれでよいのだ。こうした考え方に立てば、ろう者の大学教育に関してはアメリカの方が日本よりもはるかに歴史があり、経験や人材も豊富であるから、アメリカの大学に助成をすることは自然といえる。途上国への支援についても、パートナーとしてギャローデット大学とロチェスター工科大学NTIDが優れていたので、留学奨学金という形でこれらの大学と途上国のろう者を支援する事業を始めたのである。

私が入った一九九五（平成七）年当時の日本財団は国際協力のスタイルが第二段階に入っていたと思う。初期の日本財団の国際協力事業は概ね国連などが主体となる大型のプロジェクトに資金を提供するようなスタイルで活動をしていた。その次の段階として、一歩現場に近づいて、国際NGOや研究所などが実施するプロジェクトに資金を提供するようになっていたのである。また、この時期は世界の大学に奨学金基金を設置し、世界的な人材育成事業を積極的に行っていた時期でもあった。そのような状況下、ギャローデット大学やロチェスター工科大学NTIDというろう者のための大学にも奨学金基金を設置したことが、日本財団の手話やろう者支援のきっかけであった。

3　途上国における聴覚障がい者支援

途上国へのより直接的な支援は、当時すでに留学奨学金を設置していたギャローデット大学から留学生を受け入れるだけでなく、途上国での直接的な支援についての打診がきっかけであった。発展途上にある国でも例えばタイや南アフリカのような中進国では、地元のろう者グループも発展しており、現地の人たちの活動を現地で応援できる素地があるので、アメリカに人を呼ぶばかりではなく、現地で事業をやらないかということだった。直接的な支援ができるのであればそれに越したことはなく、話し合いの結果三〇〇万ドルの基金を設置し運用益でプロジェクトを継続するという形の事業、World Deaf Leadership Project が一九九七年に始まった。このプロジェクトは最初タイと南アフリカで五年間実施した後、他の国に支援対象を移すことを想定し、タイでは手話講師の養成、手話教材の開発等を行い、大学で手話が学科として教えられるようになること、南アフリカではリーダーシップ・トレーニングによる人材の育成と組織の強化を目的とした。

タイでの事業は、マヒドン大学のラチャスダカレッジを拠点として始まった。マヒドン大学は医学部が大変有名で、医学部に関していえばチュラロンコン大学と双璧をなすといわれる。そのマヒドン大学の中に障害を専門にしたラチャスダカレッジが新設されたところだった。そこに視覚障がい、聴覚障がい、肢体不自由の学科があり、聴覚障がいの学科は通訳者の養成や当事者の教員養成を行っていた。

タイでの支援を行った中で非常に重要だったのがジェームズ・ウッドワード教授との出会いである。彼とは今も一緒に仕事をしているが、彼との出会いが日本財団が現在のようにろう者と手話に関する事業を行うことになった大きな要因の一つである。

ウッドワード教授はアメリカ人で、納得できないベトナム戦争に行くよりも、貧しい人や障がいのある人を大学で教える道を選んだ人である。彼は手話が言語であることを最初に発表したことで知られるウィリアム・ストーキー教授の弟子だが、当時は全くろう者と手話のことを知らなかった。ギャローデット大学もずいぶん乱暴なことをすると思うが、二週間の手話の研修を受けるだけで、すぐに教鞭をとらされたらしい。しかし、そのようにほとんどサポートがなかったものの、彼は手話を学ぶべく努力をした。毎晩ろう者がいるバーに通い詰めて手話をマスターしたのだ。

その後、ギャローデット大学で勤めた後、家族の事情から彼は香港の中文大学に移った。英語を教えるということで、英語の学科にいたのだが、英語を教える一方で香港の手話単語の収集などもこつこつ行っていたそうだ。しかし、所属する言語学部長から手話研究をやめるよう言われ、ちょうど誘われていたタイのマヒドン大学ラチャスダカレッジに移ることとなった。

私たちとの接点ができたのはその頃だった。私はウッドワード教授から、手話は自然言語であるということを教わった。今思えばもう少し「中間的な考え方」の人も日本には多いようだが、彼はかなり厳格で言語学的にピュアな人なので、その彼が最初に私に「手話は言語である」ことを教えてくれたことの意味は大きいだろう。

タイのプロジェクトが始まり、二年ほど経った段階で、彼はベトナムに移ることになった。タイに比べるとベトナムの方がさらに困難な状況にあり彼を必要としていたこともあるが、大人数のクラスで手話を教えるカレッジの方針が彼の理想と合わなかったことも彼をベトナムに向かわせた一因だったかもしれない。

4　ベトナムにおけるバイリンガル教育の成功

ウッドワード教授のベトナム行きは、ホーチミン市のろう学校で教員をしていたグウェン・ホア氏との出会いも大きな要因だ。現在のウッドワード教授夫人である。ウッドワード教授がベトナムに移ってまもなく、二人はホーチミンから車で約一時間のドンナイ省ビエンホア市でベトナム南部で使われているホーチミン手話と書記ベトナム語によるバイリンガルろう教育のプログラムを開始した。当事ベトナムには中学を卒業したろう者は一人もいなかったので、修学年齢を過ぎてしまった若いろう者に対する再教育を行い、大学に進学できる一貫教育を実施したいという思いから始めたプログラムである。

事業開始にあたって、地元の中学校・高校の先生を集めた。国語・算数・理科・社会すべて、必要な科目を教えられる先生に来てもらった。午前中には生徒たちから地元の手話を習って、午後には勉強した手話を使って科目を教えるという形で始まった。手話がうまくなっている先生は、一〇年くらい続けてやってもらっているので、今では全く他人の助けがなくても自分だけで手話で学科を指導できるようになっている。この事業がうまくいったのは、先生たちのおかげである。ベトナムでは学校の先生も副業をやらないと十分な収入が得られない。つまり、中学校の先生をしていても、家庭教師などの副業をして収入を確保するといった形が当たり前なのだ。そこで、副業を選ぶにあたり、少しがんばって手話を勉強して、ろう者に教えてみようかなと思う人が集まってくれたのだ。

また、このプログラムは他のアジア諸国のモデル事業となり得るよう、多額の資金を必要とせず成功させることを前提に計画が練られていた。年間何十万ドルもかけてやるのでは、他の途上国が参考にできないということで、事業費は年間五万ドルにも満たなかった。そのためウッドワード教授自身も、アメリカで大学教授を務めた超一流の手話言語学者でありながら、地元の中学校や高校の教員レベルの給料と大差のない範囲といえる五〇〇ドル程度の月給しか受けとらなかった。

このプログラムは立ち上げの段階から全額日本財団が支援した。異例の一二年間計画という長期間にわたる支援であり、私は計画時点からずっと関わってきた。現在は順調に進んでいる中学校・高校教育であるが、事業開始当初はなぜ止まっているのかよくわからないことが多々あった。支援を決定したのはよいが、最初は地元ドンナイ省の当局から「なぜアメリカ人が働いているベトナムのろう学校のために日本がお金を出すのだ？」と怪しまれて、現地の銀行に送金した資金を引き出せず、使わせてもらえないという事態も起こった。そのため、私自身が現地に出向いて説明をしてようやく納得してもらうというような状況であった。よほどびしびし質問されるのだろうと覚悟して行ったのだが、お国柄なのか出てきた担当者はのんびりした感じでにこにこと笑顔だった。果たしてこれで説明ができているのか、問題があったのかなかったのか、釈然としなかったが、結果として意図は伝わったようで、送った資金も事業に使えることになった。

現地で説明したことは、メールでも度々説明をしてきたのだが、実際に現地に出向いて直接話をしてやっとわかってもらえたようだった。その後わかったことだが、ベトナムでは教育局がよいと言っても人民委員会が権限を握っており、彼らが納得していないことが問題だったようだ。事業開始から一～二年の間は現地当局の理解は十分ではなく、特にろう教育のことは全くわかっていない人たちだったが、今では大変理解があり協力的だ。小さな問題は何度か生じたものの、事業は大変順調に推移して現在の成功に至っている。最初の年は、全国から年の幅も広く、特に優秀な人材が集まった。

ベトナムには中学卒業の資格を得るための試験がある。当然プログラムのろう学生たちもドンナイ省の一般の聞こえる人約一〇〇〇人と共に受験したが、最初の年に募集したろう学生の中でも特に優秀な人は一番や五番という大変素晴らしい成績で試験に合格したのだ。もちろん、教えられる教科は国のカリキュラム通り、一年生で勉強するものは一年生で終わらせて、全く遅れることなく進められた。現在、中学・高校の再教育を修了した約二〇人が大学に進学し、うち一七人が学士号を取得して、そのほとんどが仕事に就くことができている。ろう学校の教員になったり、NGOで教育に携わったり、聴者に手話を教えたりしながら生活をしている。ろう学校の教員といっても非公式に講師という立場ではなく、正規の教員として雇用されており、何人かは母校であるドンナイ・バイリンガルろう教育プログラムに戻って教員をしている。

強調すべきことは、プログラム開始時点ではろう者で中学校を修了した人は、ベトナムには一人もいなかったということだ。もちろん、ろう者が学校に通っていなかったわけではない。中学校を修了するまでの九年間は学校に通っているのだが、誰一人中学卒業のための試験に合格していなかったのである（後にわかったことだが、難聴者で一～二名大学を卒業した人はいたらしい）。この事業が始まる前にも、ベトナムにろう学校はあったし、口話教育もやっていたが、成功しなかったのだ。ろう学校に見学にも行ったが、口話で教えていて、扱う内容は相当遅れているようだった。また北京語には四種の抑揚があるが、ベトナム語には広東語などと同じく六種あるそうで、そうした言語的な特徴なども含めると、ベトナムでの口話教育のさらなる困難さがわかる。

ここで大学での授業の方法について少し述べる。ベトナムにはギャローデット大学やロチェスター工科大学NTIDのように手話で授業を行う大学はもちろん存在しない。中学・高校のプログラムと異なり、手話で大学の講義をできる教員はおらず、手話通訳をつけて授業が行われている。また、ドンナイ大学の聴こえる学生のクラスにインテグレーションするのではなく、ろう学生だけのクラスが開設されている。別々のクラスではあるが、当然のことながら聴こえる学生のクラスと同じレベルの内容を同じスピードで学んでいる。幸いなことに中学・高校のバイリンガルろう教育プログラムが開始された数年後からドンナイ大学の聴者の学生の中に手話とろう者に関心をもつ学生たちが増えてきた。そして彼らの中に、ろう教育プログラムの生徒たちとの日頃のコミュニケーションや非公式な手話クラスによって、なんと手話通訳ができるようなレベルに達する者も現れ始めた。

その結果、授業の場で手話通訳を手伝う学生もドンナイ大学には何人かいる状態になって、現在は彼らが仕事として手話通訳を担っている。他にも、プログラムのスタッフや中学・高校の先生が大学の講義に手話通訳として入ることもある。もちろん、十分とはいえないが、何とかすべてのクラスに手話通訳を配置して授業できるようになっている。

ところで、二〇〇八年からドンナイ・バイリンガルろう教育プログラムをモデルにした事業をハノイでも試みたがうまくいかなかった。その時はベトナムの教育省に出向いて「ドンナイ省でのバイリンガルろう教育プログラムが成果をあげているので、国全体でやってはどうか」と話して、教育省の人たちも関心を示しスタートしたのだが、最終的には上手く進まなかった。結論から言えば、パートナーである教育省と受け皿となった大学の「手話で教える」という本質的に重要な部分に対する姿勢が曖昧になってきて、すべての授業を現地の手話（この場合はハノイ手話）で行うというプログラムの根幹が守られず、非常に残念ではあったがハノイでの支援は二〇一三年で中止した。

すべての教科を手話で教えるということが大前提なので、教員養成のための猶予期間も設けて、今いる先生の手話力が伸びないのであれば申し訳ないが辞めていただき、何度か繰り返し新しい先生を募集して、手話で教えることができる人が育つまで養成を続けてほしいと申し入れたが、それが実施されなかったのだ。採用に関する地元との関係などベトナム独特の難しい面もあったようだが、手話が上達しそうにない人が上達しないままで教壇に立つことを学校側は黙認し続けたため、日本財団もウッドワード教授も「今の手話力で続けても学科の内容が伝わらず、質の高い教育はできない」と度々教員の新規採用と養成を申し入れたが、結局は学校側の人事方針と折り合いがつかなかった。ハノイのプログラム継続のためには、すべての科目をきちんと伝わる手話で教えるということが何よりも大切な条件だったが、結局そのための人材の確保ができなかったということだ。支援を中止しないでほしいという声もあったが、勉強を続けたい生徒にはドンナイ・バイリンガルろう教育プログラムに国内留学のような形で来てもらえるのであれば、高校を修了するまで財団が支援をするという対応策をとり、ハノイのプログラムは幕を閉じた。

この他、ウッドワード教授と共に進めてきた事業には香港中文大学で実施中のアジア太平洋手話言語学プログラムがある。この事業はアジア太平洋の国々に手話言語学の種をまき萌芽、発展を促すことが目的である。具体的には香港、ベトナム、フィリピン、カンボジア、インドネシア、スリランカ、フィジーである。そして、日本のろう者と聴者を一緒に香港へ留学してもらい言語学を学んでもらい、帰国後に彼らが手話辞書・教材の作成、手話の普及や通訳の養成等を各国において行うものである。

5　なぜ聴覚障がい者支援か

さて、日本財団は聴覚障がい者以外の障がい者支援は行っていないのかと尋ねられることがある。実際には聴覚障がい者以外の支援も行っている。海外に関していえば、聴覚、視覚、肢体不自由の身体障がい者支援を実施しており、知的障がいや精神障がいについては対象として取り組んでいないのが現状である。聴覚障がい中心である理由はいくつかあるが、より自主的に事業を企画推進していくという財団の方向性、私たちの人員が限られていること、ジェンダー、子どもや青少年の問題に比べると聴覚障がい者の抱える問題に対する社会の理解が不十分だからこそ私たちが取り組むべきであることなどが挙げられる。

日本財団は、従来の申請が来るのを待って、受け取った後に審査基準に基づいて審査し助成金を交付するという受動的な仕事から、現在では職員自ら現場に赴き課題を設定し解決するための事業を企画し推進する能動的な仕事のやり方に変化している。そのような前提で海外の障がい者支援に関わっているスタッフは私を入れて四人だけなので、同じ障がい者支援でもあまり分野を広くしすぎると、中身を深めるのが難しくなる。実際のところ聴覚障がい、視覚障がい、そして肢体不自由の人の支援事業で手一杯の状態だ。

また、私たちは高等教育に進んだ障がい者がさらに社会で活躍できるように当事者リーダー養成に焦点を当ててきた。私たちのやり方は一国の初等教育のように裾野の広い課題を直接解決するというものではない。また、小規模なＮＧＯがやっているように、特定の村や町の人々を対象に心のこもった「小さな事業」を進めていくものでもないのである。つまり私たちが取り組むのはより大きなインパクトをもつ事業ということになる。そうすると、やはり高等教育支援のように支援先が限られているものや、視覚障がい者の情報アクセスなど普及可能なシステムがあるものに重点を置くことになる。

たとえば、視覚障がい者の情報アクセスの場合は、かなり多くの問題がＩＴ技術を活用することで改善できる。したがって、視覚障がい者の情報アクセスについては、中心となってその技術を広げる人材を育成したり、ソフトウェアの開発をすれば支援を広げることができる。一方、知的障がい者の施設をきちんと運営し、質の高いプロジェクトを国中でやっていこうと思えば、それぞれの場所に本当に「できる人」が責任者、担当者としていない限りうまくいかない。そのような人材を国中に配置することは、国中にスクリーンリーダーや点字ディスプレイを普及していくこととは全く異なる。

そして私たちのような財団は公共性の高い仕事を行っているとはいえ、政府のようにすべての人に偏りなく平等に支援を行っていては、その存在意義は見出せない。優先順位をつけてメリハリのある支援を行い、今まで見過ごされてきた課題への取り組みや試されたことのなかった手法を試みるなど、先駆性こそが求められるのである。その意味で海外の障がい者支援、中でも情報とコミュニケーションのアクセシビリティはまだまだ取り組みが不十分な課題であり、私たちが取り組むに相応しい課題であったといえる。また、特にろう者支援の場合は手話という異なる言語が関係してくるという決定的な特殊性がある。

なお、これまでの仕事を通して最初の頃から感じていたことの一つは日本人の顔の見える援助の必要性である。たとえば東南アジアなどの支援についても、現場に日本人がいて頑張っていることが必要だと考えてきた。この点に関して、日本人障がい当事者のさらなる活躍を期待している。そのために鍵となるのが英語力だと思う。ろう者の場合、海外でもろう者同士でコミュニケーションはある程度できるようだが、外国で援助をしていくとなれば、聴者の団体や行政組織と連携する必要が必ず出てくる。そうした場合に、読み書きの英語力が非常に重要になってくるのである。たとえば、助成金を受けることなども視野に入れれば、英語できちんと申請書類を作ることができて、交渉ができて、助成金や寄付金を管理し、報告書を作る必要がある。英語ができた上、さらに地元のろう者ともうまく連携し、一緒に事業を計画して実行していくことができなければならない。そのような総合力を備えた日本人をもっと増やしていきたいと考えたことが海外奨学金事業を始めた理由の一つである。

今後、多くの奨学生たちが卒業し、東南アジアの国々に行って、地元の人の主体性を尊重し、必要に応じて途上国同士の助け合いを促すなど、さりげなく寄り添う日本的美徳を活かした支援をしてくれることを期待している。もちろん、奨学生全員が海外に行って支援活動をすべきだとは言わない。日本国内の事業に携わって活動をしてもらえれば、それも結構なことだと考えている。奨学金の目的の半分は海外留学経験をもち、社会的にも認められるような学位やキャリアをもつろう者が日本国内の活動に携わり、社会を変革してくれることだからだ。

6　聴覚障がい者大学教育支援の今後

アメリカの現状に目を向けてみると、ギャローデット大学の学生数は以前に比べて減少しているという。大学で特定の専門分野を本格的に深めたい人は、その研究で一流の大学に進学するというケースが増加しているのではないだろうか。一般の大学における情報保障支援が充実すればするほど、そうした傾向は強まっていくであろう。つまり、一般の大学にインテグレーションするケースが多くなっていくと考えられるのである。

大学の場合は進学する目的がはっきりしており、社会性を養う目的もなくはないが、研究者になることや就職のために専門性を身に付けるために進学するのが一般的であろう。一方で、高校、中学校、小学校と年齢が下がっていくほど、学ぶことだけでなく、スポーツや文化活動を通し、また単純に仲間と遊ぶことで社会性を育むということが重要になってくる。だとすれば、多くの聴者の中にインテグレーションするよりも、同じ言葉、つまり手話で話す仲間が集まっている環境の方がコミュニケーション上、適しているのではないかと思われる。

ギャローデット大学の卒業生の中には「あの大学に行ってろう者として生きる自信がついた」という人も多いし、手話やろうに関する研究という分野ではギャローデット大学の価値は変わらないだろう。しかし、先に述べたように一般の大学の情報保障がきちんと整備されていけばいくほど、他大学を選択するろう者が増える可能性は否定できないだろう。

一方、ギャローデット大学のようにろう者にとっての「聖地」というイメージはないかもしれないが、ロチェスター工科大学ＮＴＩＤは、ギャローデット大学と一般大学の良いところを併せもつモデルといえるのではないだろうか。最初の二年間、日本でいう一般教養的な期間はロチェスター工科大学NTIDで手話による直接教育を受け、その後自分の進みたい専門分野が他の七つの学部の中にあれば、他学部にインテグレーションしていく形になっている。情報保障に関する専門性が長きに渡り蓄積されているので、他の学部に行ったときの情報保障のレベルは他大学の追随を許さないほど高い。大学講義レベルでの通訳ができる手話通訳者を常時一〇〇人以上雇用しており、足りない場合にはさらに外からもパートタイムで来てもらう通訳者を抱えているのだ。ギャローデット大学のように手話での直接教育だけではないが、ロチェスター工科大学NTIDは規模の経済を活かした大変合理的なモデルといえるだろう。入学時、手話ができない学生にはASLをきちんと習得するよう促している一方で、声を出して話したい人はそれも良しとする点においてギャローデット大学とは「空気感」が異なる。このように、同じアメリカでもギャローデット大学とロチェスター工科大学NTIDには相違点がある。

日本財団は聴覚障がい者の大学教育を充実させるための国際ネットワーク事業（PEN-International）を進めてきたが、その際、どういうモデルが適しているかはその国の人たちが決めることであって、「ロチェスター工科大学NTIDのような形が良いですよ」などと誘導することはしなかった。もちろん、それぞれの国の大学から要請があればノウハウや技術は積極的に導入してきたことは当然である。

日本の聴覚障がい者の高等教育支援ネットワークであるPEPNet-JapanもPEN-International

から生まれた組織だ。私はPEPNet-Japanは聴覚障がい者高等教育に関する知識やノウハウを蓄積し、それを提供・発信していくところであると理解しており、その意味では既に完成形に達していると考えている。二〇一六（平成二八）年四月に障害者差別解消法が施行され、今後は実際にどのような仕組みで全国の大学で学ぶ聴覚障がい学生に情報保障を提供するかがより大きな課題となってくるだろう。そのためには各大学に専門性のあるコーディネーターを設置するとともに、手話通訳者やパソコンテイカー等の支援者は地域リソースとして専門の団体が抱え、必要に応じて地域内の大学に派遣できるような仕組みが必要になると考えている。

現在、大学において支援をしている人材が一カ所に集中して所属している組織や場所はないと思う。しかし、今後、聴覚障がい者も聴者と同じくらい大学に進学するようになれば、どこの大学にも一定数の聴覚障がい学生が在籍する状況になる。筑波技術大学の定員を大幅に増やし、意図的に誘導して入学者数を増やしでもしない限り、日本中の大学に聴覚障がい学生が点在し、年度によって在籍したりしなかったりする状況のままであろう。ところが、それぞれの大学が支援のための人的リソースをもち続けるというのは経済的にも人材確保の面でも難しい。聴覚障がい学生が在学中は何とか頑張ってきちんと支援しても、学生が卒業してしまえば、折角の知識やノウハウは雲散霧消し、支援人材も離れて行かざるを得ないだろう。

つまり、継続してやっていくことは不可能なのである。だからこそ、すべての大学が個別にリソースを抱えて対応するのではなく、同一地域内の大学の共有財産・共同の拠点になる場所が必要となる。いつも支援者がそこに登録されている、所属しているという場所がなければ、常に支援の質を高めながら継続していくことは不可能ではないだろうか。そのような支援を提供する拠点を遠隔情報保障もうまく活用しながら、地理的な合理性に基づいて全国数カ所に整備していくことを提唱したい。

ところで聴覚障がい大学生の多くはどちらかというと一般校出身者で、その結果手話を覚えた時期が遅い人が中心ではないかとの印象をもっている。それは手話通訳よりもパソコン通訳のニーズが高いという状況にもつながってくる。もちろん、本当は手話通訳をつけてほしいが、手話通訳者の専門性や通訳技術を考えると、パソコン通訳の方が信頼できるので仕方なくパソコン通訳を選ぶという学生もいるだろう。理由はともあれ現在日本の大学における聴覚障がい学生支援は、担い手確保の問題もあって手話通訳による情報保障や手話による直接教育よりも、パソコン通訳による情報保障が中心となっているようだ。

一方で日本社会事業大学で開講している講義は、基本的にすべて手話で行われている。そのため、手話に自信がない聴覚障がい学生は受講しにくい状況にあるという。手話がわからない難聴学生のためにパソコン通訳で字幕を出すという方法も考えられるが、字幕を出しているといつまでも手話力が伸びないのではないかという懸念もあるだろう。大学入学前にろうコミュニティーとの接点があり、手話も読めるようになっていれば手話による直接教育のメリットを享受することができる。しかし、実際にはそのようなケースは多くないので、大学入学後に対応する必要がある。

7　手話で教えることの重要性

手話で教えることの重要性を理解してもらうことは容易ではない。日本財団においても職員全員が手話についての理解があるとはいえないが、幸いなことに経営陣は大変理解がある。役員はギャローデット大学やロチェスター工科大学ＮＴＩＤを訪れる機会もあり、私たちも手話の大切さや事業の進捗状況を直接報告をしているからである。

私自身まだまだ理解できていないことは多いが、必要に迫られ考えてきた結果、手話の重要性について説明をする際のポイントの一つは情報アクセスの問題と言語の問題を分けることだと思うようになった。手話には二面性があって両方の問題と関わっている。障がい者の情報アクセシビリティという文脈で手話が出てくる場合と、ろう者の言語として手話が出てくる場合の両方があり得る。「コミュニケーション」という言い方をした場合はそれらの中間くらいにまたがるようなイメージになり、少し曖昧な話になりかねないと感じている。

手話は少数言語でもあるが、私たちは少数言語を大切にするという考えから手話による教育を支援してきたわけではない。まず「障がい者」であるから支援を始めたことが出発点だった。今ではろう者を「障がい者」と呼ぶことに違和感を覚えており、「違う言語を母語とする人、そして聴こえない」というくらいの方が自分の認識にはピッタリくる。音声言語だと一〇〇%完全なコミュニケーションをすることができないが、母語である手話を使えば完全なコミュニケーションができる人々が現に日本には数万人いるのだ。私たちの支援活動は、率直にその事実を認識し充実させるという考えで始まった。補聴器を使用し残存聴力に頼る聴覚口話法による教育については、今までのろう学校からの大学進学率を見れば、その限界が明らかだろう。

また、最近感じていることだが、人生や生活全般を考えた時に、文字保障だけあればよいというものでもないだろう。電話リレーサービス等を通して、軽・中度難聴の人で手話を使わない人とも接する機会が増えてきたが、補聴器などを活用してかなりコミュニケーションができても、大勢が集まる飲み会や会議ではどうしても聞き漏らしがある状態なのだ。手話を使う人はろう者のコミュニティーに入った時に問題なくコミュニケーションをとれる世界があるといえるが、手話を使わない人の場合はコミュニケーション上個人差はあるものの「不完全な」状態で生活しているのである。それはつまり、完全に参加できるコミュニティーがない状態に置かれるということではないだろうか。

現状では高等教育支援を受けているのは手話を使わない人も多いと思うが、理想は日本手話で学ぶ環境と文字の情報保障で学ぶ環境の両方がきちんと存在するという形である。つまり、早期発見の段階から、大学卒業まで、場合によっては博士号を取得するまで手話を使って完結できるような世界が一方にあり、一方では一般の小学校・中学校・高校・大学すべての段階においてインテグレーションする場合にもきちんと情報保障が受けられる世界がある、という完全な選択肢がすべてそろっているのが理想であり、完成型だと考えている。

8 手話の法的認知

日本の現状について考えると、手話での教育という観点では欧米の状況と比較して遅れていると言わざるを得ないが、これは手話の法的認知の遅れの現れでもあろう。ある意味で仕方がないと思うのは、日本が多言語国家ではないという点である。たとえば、ヨーロッパとは国の置かれている状況自体が大きく異なる。ヨーロッパでは言語政策をきちんとやらなければ話にならないほど、多民族・多言語が一国に共存している場合が多い。つまり、もともと言語政策がある国では、自ずと手話をどう位置づけるかという議論になりやすいのである。

そうした視点で見れば、日本の置かれている状況は手話の法的認知にとって不利な状況であるといえる。ヨーロッパろう連盟が出している各国の手話に関する法律をまとめた本を見てみると、複数の公用語や、公用語ではなくても法律で認められている言語があるという国が非常に多いのである。その中に手話も併記されているのだ。唯一日本語だけが、公用語と定められずに当然のものとして使われている法体系の国の中で、手話が言語であると位置づけることとは容易さが全く違うといえよう。

しかし、日本においても変化は見られる。ここ三年程の間に鳥取県をはじめ既に七〇を超える地方自治体が手話に関する条例を制定したのだ。私は近い将来に国が法律の検討を始める可能性は高いと期待している。

手話に関する法律を考える際に、日本手話と日本語対応手話という区別が問題になることがある。この問題について、海外の例を見てみよう。たとえば、アメリカではアメリカ手話法という法律があるわけではなく、合理的配慮を求めている法律の中で、「ASL（アメリカ手話）をきちんと提供しなくてはいけない」と書かれている条文がある。つまりアメリカでは手話に関する特別な法律はなく、したがってアメリカ手話が何かという定義もない。

ヨーロッパの場合には、ほとんどが「British Sign Language」や「Swedish Sign Language」と書いてある。しかし、それが何を指すかということは法律の中で書かれていない。ハンガリーは例外的で、「Hungarian Sign Language」と「Signed Hungarian」とを区別し、後者はハンガリー語を使ったコミュニケーション・モードの一つであることを法律に明記している。このように法律の中で両方を記している場合は少数派である。もちろん、ハンガリーの法律もこの両方が保障されるべきであると法律には書かれている。私は日本で手話に関する法律を制定する場合、「どこからどこまでが日本手話か」ということは法律の中で決めることではないと考えている。それは日本語の範囲を法律の中で定めるようなものであり、たとえば日本語を勉強中の外国人が日本語を話そうとして口にした「間違いだらけ」で「ほとんど通じない」言葉を日本語として認めるかどうかを法律で決めるようなものではないだろうか。今後、幼い頃から手話を選択して勉強していくことができる環境が、就学年齢前から大学まですべてのレベルで保障されるようになれば、日本手話か、日本語対応手話かという議論はなくなっていくはずである。日本語対応手話があるとすれば、中途失聴者が日本語を補うために、日本語に合わせて手話単語を使うというケースだけになっていくのではないだろうか。

最後に私のカナダ留学時代の経験と手話との関連について述べたい。留学中、大学院の講義などは本を読んだり、後で友人に聞いたりしながら何とか無事に乗り越えることができた。しかし、英語のリスニングは最後まで難しいままだった。授業中に教授が言った冗談がわからず、一人だけしらっとした顔をしていることはいつものことだったし、たまにはわかった振りをして周りを伺いながら笑ったりした。休み時間のクラスメイトたちとの立ち話は、いつ話題が変わったのか全く気づかないまま、終わった会話の文脈から頑張って内容を摑もうとしたものの、無駄な努力にがっくりしたこともあった。

しかし、そのような時にも「僕は日本に帰れば、日本語だったら、何不自由なく皆の言っていることがすべてわかるし、ボケをかましたり、ツッコミを入れたりして、人を笑わせることだってできるのだ」と考えると救われた。私には「日本語」という帰ることのできる世界があったのだ。

ろう者の場合も周りの会話がわからず疎外感を感じることが多くあることは今までに何度も聞いた。では母国日本で暮らしている日本人ろう者の場合、いったいどこへ帰ればよいのだろう。それが手話の世界なのだ、と私は理解している。単に情報にアクセスする手段としての手話ではなく、ろう者の心である手話がきちんと法律で認められることを願っている。

9　手話が社会に浸透するために

今後やっていけたらよいと思う活動の一つに、新生児スクリーニングが終わった後に、手話を学んで母語として生きていくという選択肢があることをきちんと情報提供できるようにする活動がある。今は他で手一杯で、そこまでできないのが現状であるが、いずれこうした活動も始めたい。そもそも、私は最初「ろうの人も博士号を取得している人がいる」ことを知って、奨学金を設置して、海外の大学に留学して英語を身に付け、学位を取得して帰ってくる「エリート」人材を育てたいと思ったのである。そういう人を見ると、社会の目が変わる。ろう者で博士号を取得している人が、日本中にたくさんいるような環境になり社会にも知られるようになれば、ろう児をもつ親も無理に聴こえる人と同じようにしよう、近づくように努力させようとしなくなるのではないだろうか。そして聴こえなくても「立派になっている」人がたくさんいるのだと思えば、親の判断も変わってくるだろう。

参考文献

Pabsh, Annika & Mark Wheatley (2012) *Sign Language Legislation in the European Union Edition II.*

第Ⅱ部　当事者である講師が語る手話による講義の意義

第5章　ろう・難聴当事者ソーシャルワーカーの養成
――その歴史と課題

高山亨太

1　ソーシャルワークとの出合い

(1)　私と聴覚障害

私は社会福祉士と精神保健福祉士の国家資格を持ち、かつソーシャルワークを教えている現役の大学教員である。また、手話のできない聴者の両親の下に聞こえる長男として生まれ、三歳後半に失聴したろう者でもある。一方で、医学的観点では、両耳平均聴力九〇dBの高度感音性難聴であり、身体障害者手帳等級三級に該当する聴覚障害者である。失聴後、すぐに日本手話を習得したわけではなく、当時のろう教育の主流であった聴覚口話法による指導を神奈川県立平塚ろう学校で受け、小学校から補聴器を使い、聞こえる子どもと共に授業を受け、集団生活をするインテグレーション、いわゆる統合教育の環境下で手話のできない難聴児として高校卒業までを過ごした。高校時代に、難聴児向けのイベントへのボランティア参加がきっかけで、手話に興味を持ち、ろうコミュニティーの門を叩いた。

手話との出合いは、言い換えれば、様々なろう者との出会いの連続であった。ろう者との出会いは、私のアイデンティティー形成やろう者や手話の歴史を学ぶきっかけとなり、結果的には自身のキャリア選択に大きな影響を与えた。最終的に、自らの文化的アイデンティティーをろう者と自負するようになったのは、本章で後述するアメリカのギャローデット大学に留学してからである。つまり、私は、人生のうち約二五年間は難聴者として過ごし、留学後からろう者として生きているソーシャルワーカーである。本章では、ろう者である私がソーシャルワーカーになるまでの経緯も交えながら、ろう・難聴当事者ソーシャルワーカーの活躍や養成の歴史について概観し、今後の課題について述べていきたい。

(2) ろう当事者ソーシャルワーカーを志して

弁護士を志し、大学生活をスタートさせるも六法全書に依拠する法律学の授業に馴染めなかった。ろう者との交流から、ろう者の心理を理解することに興味をもち始めたことが、ソーシャルワーカーの道を目指したきっかけであった。

私は、大学で順調にソーシャルワークを学んだわけではない。むしろ葛藤や苦悩の連続であった。私の大学時代は、ろう当事者ソーシャルワーカーとしての職業アイデンティティーの探求の時期だったともいえる。卒業後の就職を意識した際に「ろう・難聴当事者のソーシャルワーカーはいるのだろうか」「ろう・難聴者を対象にしたソーシャルワーク実践はあるのだろうか」と思っていたまさにその時に、東京都心身障害者福祉センターで長年、ろう当事者ソーシャルワーカーとして活躍していた野澤克哉氏との出会いがあった。野澤氏からは、①日本手話を習得すること、②地域のろう者と交流すること、③ろう・難聴学生の集まりに参加する事、④様々なろう関係の施設やイベントに出かけること、⑤ソーシャルワークの基本を学ぶこと、⑥国家資格を取得すること、⑦大学で情報保障の活動に加わること、⑧聴覚障害者精神保健研究集会などの研究会に参加すること、という一発で目が覚めるような助言をいただいた。これらの助言は、今、まさに私たちが必要とするろう・難聴当事者ソーシャルワークの養成の根底に通ずるものがある。このような助言の下、ろう・難聴者を対象としたソーシャルワークの学びを深めた。野澤氏との出会いは、私のソーシャルワーカーとしての原点であり、道標となっている。

現在、ソーシャルワークを学ぶろう・難聴学生は、果たして良きソーシャルワーカーのロールモデルに出会えているのだろうか、良い実習先や実習指導者に恵まれているだろうか。ろう・難聴の子ども達に、「ソーシャルワーカーになりたい」「ソーシャルワーカーってかっこいい」と思ってもらえるようになるには、やはり当事者ソーシャルワーカーの教育と養成、そして活躍が重要であると、個人的には考えている。

（3）アメリカ留学

大学卒業後は、大学院に進学し、ろう・難聴者の精神保健や専門職養成について研究を続けていた。大学院時代は、国立障害者リハビリテーションセンターなどでろう・難聴者のソーシャルワークに関わってきた奥野英子先生の下で学んだ。私にとっては初めての手話ができる大学教員だった。奥野先生は、常に「ソーシャルワークの世界では、実践あってこそ研究が活きる。実践を知らずに研究はできない」と。実践的な視点を持つ指導教員だったこともあり、ろうあ児施設などでソーシャルワーカーとしての実践を積みながら、大学院生活を送っていた。実践を通して、当時のろう・難聴者の福祉現場の職員の専門性の低さ、研修機会の少なさ、劣悪な待遇など多くの問題があることを知った。

また、ろう・難聴者のソーシャルワーカー養成のためのテキストがないことに気づき、奥野先生と共にテキスト出版の企画を立ち上げ、二〇〇八（平成二〇）年に『聴覚障害児・者支援の基本と実践』（中央法規出版）を出版するという貴重な経験をすることができた。多くの反響があったが、ろう・難聴当事者ソーシャルワーカーの養成のためのカリキュラムの開発が課題として残った。ソーシャルワークの実践や養成の本場はアメリカであり、実績もあることからアメリカでソーシャルワークのカリキュラムを研究しようと考えた。縁あって、日本財団聴覚障害者海外奨学金の第二期生として、二〇〇六（平成一八）～二〇〇九（平成二一）年まで、世界で唯一のろう・難聴者の総合大学として知られるアメリカのギャローデット大学に留学した。ギャローデット大学では、主にろう・難聴者を対象としたソーシャルワークのあり方を学んだ。また、自身のソーシャルワーカーとしての職業アイデンティティーだけではなく、ろう者としてのアイデンティティーについても大きな影響をもたらした留学生活だった。

ギャローデット大学ソーシャルワーク学部におけるソーシャルワーカー養成の現場やアメリカで活躍するろう・難聴当事者ソーシャルワーカーの実践には、私たちに求められる事柄や実践知がいくつも転がっていた。近年のソーシャルワークは、イギリスで発展した障害学（Disability Studies）の影響を受け、障害者を無力化（disempowerment）させうる「障害者のため（for）の」ソーシャルワークではなく、障害者を取り巻く社会的問題を「共に（with）解決する」という観点からのソーシャルワークが重要であるとされている。その実現のためにはソーシャルワーカー自身の障害に対する視点に関するトレーニングが必要不可欠であるとされている（Oliver & Sapey 2006）。同様に、ろう・難聴者に関わるソーシャルワーカーには、単にソーシャルワークを学ぶだけではなく、ろう・難聴者における抑圧の歴史を学び、彼らの視点を理解し、手話をはじめとする多様なコミュニケーションが可能であることが求められている。そのためのトレーニングとして、「ろう者学（Deaf Studies）」の履修は、それまでろう者のための（for）ソーシャルワーク実践をしていた私にとって、大いに反省を迫るものであった。「ろう者学（Deaf Studies）」を履修することは自らの〝ろう者と共に（with）あるべきソーシャルワーク〟とは何かということの意識改革を可能にしたのである。

帰国後は、ろう学校や聴覚障害者情報提供施設、旧身体障害者福祉法上の法定施設であるろうあ児施設や聴覚障害者更生援護施設等でソーシャルワーカーとして臨床を積み重ねた。また、日本聴覚障害ソーシャルワーカー協会の立ち上げにも関わり、二〇〇六（平成一八）年から七年ほど理事を務めた。このようなろう・難聴者のソーシャルワーク実践で得られた知見などをろう・難聴者に関わるソーシャルワーカーの養成に還元するために、二〇一二（平成二四）年より日本社会事業大学にて、「聴覚障害ソーシャルワーク総論」の講義を担当している。また二〇一四（平成二六）年からは母校のギャローデット大学に着任し、ろう・難聴児に関わるスクールソーシャルワーカーの養成にも携わっている。

2　ソーシャルワークとは

改めて、ソーシャルワークとは何か。ソーシャルワークの専門性についての理解なくして、ろう・難聴当事者によるソーシャルワークの意義について論ずることは難しい。臨床心理学やカウンセリングが、人間の深層心理などに焦点を当てるのに対して、ソーシャルワークはどちらかといえば、人間と環境（家族や地域、政策等）の接点に焦点を合わせる。ソーシャルワークの支援対象は、子どもから高齢者や障害者までと幅が広く、専門分野も多種多様となっている。

国際ソーシャルワーカー連盟によるソーシャルワークのグローバル定義は、次のように規定されている。

「ソーシャルワークは、社会変革と社会開発、社会的結束、および人々のエンパワメントと解放を促進する、実践に基づいた専門職であり学問である。社会正義、人権、集団的責任、および多様性尊重の諸原理は、ソーシャルワークの中核をなす。ソーシャルワークの理論、社会科学、人文学、および地域・民族固有の知を基盤として、ソーシャルワークは、生活課題に取り組みウェルビーイングを高めるよう、人々やさまざまな構造に働きかける。」（国際ソーシャルワーク連盟 二〇一四：一）

難解な用語が並んでいるが、具体的には、人権や社会正義の観点から、誰もが暮らしやすい社会を目指し、人々や地域社会に働きかけながら支援をするのがソーシャルワークという学問であると捉えて差し支えない。ソーシャルワークを実践する専門職がソーシャルワーカーであり、日本ではソーシャルワーカーの国家資格として、「社会福祉士」と「精神保健福祉士」が法的に定められ社会的に認知されつつある。なお、多くの人々が誤解しているが、介護を主な業務とする専門職は介護福祉士であり、ソーシャルワーカーの専門領域ではないことを断っておきたい。介護は、英語でケアワークと訳され、まったく異なる専門領域である。余談ではあるが、日本の介護福祉士の資格制度や養成カリキュラムは、世界的にみても高水準のレベルであるとされている。

話を戻して、前述の定義を基に、ろう・難聴者を対象にしたソーシャルワークについて述べると、音声言語が大多数の社会構造の中で、手話などを第一言語とするろう者や音声言語でのコミュニケーションにバリアを抱える難聴者が自分らしく生活できるよう、ろう・難聴者に対する無理解や差別の解決に向けて共に働きかけるのがソーシャルワークであり、そのためにはろう・難聴者の視点やろう文化に関する知識や理論等に関する基礎トレーニングを受けることが求められる。ろう者やろう文化を理解するための学問として、アメリカやイギリスでは、学問としてろう者学が発展している。黒人学、女性学が抑圧への対抗という歴史とともに学問として発展したように、「ろう者学」も、言語としての手話やろう者独自の文化的様相、歴史を研究領域として発展してきた。一方で、医学的観点から聴覚障害や補聴器や人工内耳などを理解するという点では、聴覚障害学（Audiology）の履修が基本となる。ろう・難聴者を対象にしたソーシャルワークに求められる力量について、野澤（二〇〇一）は、①ろう・難聴者の主体性や自己決定を尊重して支援する姿勢、②相手に応じた手話表現、③ろう者のおかれてきた歴史、社会環境、現状に精通していること、④ろう者の考え方の特徴、行動パターンを受容していて、相談経験を積んでいること、⑤ろう・難聴者関係の社会資源、補装具の扱い方、日常生活用具等に精通していること、⑥他機関に協力者をもっていること、⑦ろう・難聴者集団あるいは仲間の研究会等に参加して、ろう・難聴者と行動を共にできること、を挙げている。つまり、本章のテーマであるろう・難聴当事者ソーシャルワーカーの意義について考えるにあたっては、ソーシャルワーカーの専門性とともに、「ろう者学」が重要なキーワードであることを強調しておきたい。

3　ろうあ者相談員とソーシャルワーカー

(1) ろうあ者相談員の歴史

日本でのろう・難聴当事者による当事者支援を考えるにあたって、ろう運動およびろうあ者相談員の歴史について理解しておく必要がある。長年にわたって、地域のろう・難聴者の生活支援や相談に関わってきたのは、ろうあ者相談員という不安定な身分で活動してきた地域のろう者である。

ろうあ者相談員制度の成り立ちは、戦後、身体障害者福祉法が制定され、市町村の福祉事務所を中心に障害者のための支援体制が整備され、また一九六七（昭和四二）年には、身体障害者相談員制度が設置されたが、ろう者にとっては手話でのコミュニケーションを通じて、福祉サービスを享受できないという地域のろう者の不満があった。つまり、地域の中で、ろう者の第一言語である日本手話で相談できる機関や専門職が配置されていなかったのである。当時の全日本ろうあ連盟の連盟長であった藤本敏文は、手話でコミュニケーションが可能な福祉専門職の必要性を訴えている（伊藤 一九八五）。このような状況の中で、「手話ができ、ろう・難聴者の心情等を十分に理解できる」相談員が必要という要望が各地域のろう運動の活動の中心的なテーマとなったのは、必然的な流れであろう。長年にわたるろう運動の結果、一九六三（昭和三八）年に、北海道旭川市に全国初のろうあ者相談員が設置され、また一九六四（昭和三九）年には北海道札幌市役所内にろうあ者相談員が設置された。このように地方自治体独自で「ろうあ者相談員」制度を設置し、ろう・難聴当事者をろうあ者相談員として採用することが相次ぎ現在に至っている。基本的には、長年、ろう運動に関わってきた地域のろう・難聴者が名誉職的な立場で採用されるケースが多かったため、ソーシャルワーカーとしてのトレーニングを受け、かつ社会福祉士等の国家資格を取得しているろうあ者相談員は少ないのが現実である。ろう者のための当事者団体である全日本ろうあ連盟は、公的機関で週三日以上勤務していることをろうあ者相談員として認定している。二〇〇六（平成一八）年度の「聴覚障害者の相談の資格・認定に関する調査研究及び聴覚障害者相談支援へのケアマネジメント等の研修事業報告書」によると、一九二名のろうあ者相談員が登録されている。

また、ろうあ者相談員が設置された初期の時期は、ろう者が採用される例が多かったが、現在はろう者と聴者の割合はおおよそ半々となっている。所有資格については、二〇〇六（平成一八）年度の時点で社会福祉主事任用資格（三六・九％）が最も多く、ソーシャルワーカーの国家資格である社会福祉士の所有者は七・八％、精神保健福祉士は該当者なしとなっている。また、多くが市区町村役場で勤務しているが（四六・六％）、正規雇用されているのは、三三％のみとなっており、非常に雇用身分が不安定な状況である。なお、ろうあ者相談員を対象とした研修会として、全日本ろうあ連盟主催で一九八四（昭和五九）年から各地持ち回りで「全国ろうあ者相談員研修会」が例年開催され、ろうあ者相談員の力量向上に向けた取り組みがなされている。このように、①ろうあ者相談員制度の普及、②ろうあ者相談員の専門性の向上が課題となっている。

前述の二点の課題の解決に向けて、全日本ろうあ連盟がろうあ者相談員の身分保障に向けた取り組みとして「聴覚障害福祉士」を国家資格として二〇〇六（平成一八）年に提言している。聴覚障害福祉士とは、①聴覚障害者と同じ言語・コミュニケーション手段をもって相談支援ができる、②聴覚障害の特性、生活実態、社会的背景等を理解している、③社会福祉援助技術等、社会福祉

表 5-1　聴覚障害者福祉士の研修カリキュラム試案

（1）社会福祉のサービスに関する基礎知識および相談援助の理論と方法	
1）社会福祉のサービスに関する基礎知識	現代と社会福祉，高齢者に対する支援，障害者に対する支援，児童・家庭に対する支援，低所得者に対する支援，地域福祉の理論と方法，社会保障，保健医療サービス，就労支援サービス，心理学理論
2）相談援助の理論と方法	相談援助の理論と方法，相談援助演習
（2）聴覚障害者福祉に関する専門的な知識・技術	
1）聴覚障害者に関する知識	聴覚障害者の理解と支援方法（重複聴覚障害者・盲ろう者・高齢聴覚障害者の理解を含む），聴覚障害者に関する福祉政策と福祉サービス
2）聴覚障害者に対する相談援助の理論と方法	聴覚障害者に対する相談援助の理論と方法（ケアマネジメント理論と方法を含む），聴覚障害者相談援助演習（事例研究・ロールプレイを含む）
3）手話によるコミュニケーション方法	手話による事例報告と討議

出所：全日本ろうあ連盟（2006）「聴覚障害者の相談の資格・認定に関する調査研究及び聴覚障害者支援へのケアマネジメント等の研修事業報告書」92-93頁，を基に筆者作成。

士の資格を取得するために必要とされる養成カリキュラムに準じた相談支援の専門性を有する者としている（表5-1）。これは、社会福祉士の養成カリキュラムに準じて構成されている。一方で、聴覚障害者福祉士については、①社会福祉のサービスに関する基礎知識および相談援助の理論と方法については、②聴覚障害者福祉に関する専門的な知識・技術に関しては、ろう者の歴史やろう者の生活観、言語観などのろう者学の成果を反映した内容ではなく、むしろ医学モデルに基づいた聴覚障害の理解が主な内容となっている。これらを計六日間で、研修を実施し、試験を課せられるが、社会福祉士や精神保健福祉士に課せられている現場実習は必須条件とはなっていない。しかし、そもそも社会福祉士は大学において、四年間で計一二〇〇時間（うち現場実習と関連科目が四二〇時間）の履修を基本とし、かつ合格率が低い難関国家試験に合格する必要がある。なお、聴覚障害福祉士は、社会福祉士や精神保健福祉士などの国家資格の所有を前提条件とはしていないため、ろうあ者相談員及び聴覚障害福祉士をろう当事者ソーシャルワーカーとして社会的に位置づける場合には、専門性の確保という観点から考えても解決するべき課題が多く残されている。

改めて、専門職とは何かと考えた場合に、専門職研究の権威であるフレックスナーは、専門職の六つの特質について、①知的な職業であり、判断を下す際の重大責任、②特定分野に関する高度な体系的知識と長期間の教育訓練、③体系的知識の実践的な性格、④知識だけで事態に対処できない場合の技能による対処、⑤専門職団体の組織化と資格の認定による参入者の規制、⑥公共への奉仕志向、を指摘している（秋山 二〇〇七）。また、ソーシャルワーカーについては、社会科学における基本的な準備、占有的・特殊的な知識体系と伝達可能な専門的技術、一定の教育と政府の監督下において公的試験を基にした専門的資格、専門職の団体、専門的実践のための綱領等の要件が必須条件であることを述べている（秋山 二〇〇七）。しかし、ろうあ者相談員制度の枠組みや聴覚障害福祉士のカリキュラムが、専門職の要件を満たすためにはまだ多くの課題が残っている。

(2) ろう・難聴当事者ソーシャルワーカー

前項において言述したように、歴史的にろうあ者相談員がろう・難聴者のための地域生活支援に取り組んできた一方で、二〇〇〇年代から、ろう・難聴当事者自らがソーシャルワーカーとしての専門的トレーニングを受け、その上で社会福祉士や精神保健福祉士を取得するケースが増えている。二〇〇二（平成一四）年には、稲淳子氏がろう者として初めて精神保健福祉士を取得した。なお、アメリカでは、スティーブン・コー博士が、一九六三（昭和三八）年にソーシャルワーク修士号を、その後の一九七三（昭和四八）年に社会福祉学博士をろう者として初めて取得している。一九六四（昭和三九）年には、全米で初めてのろう者のスクールソーシャルワーカーがろう学校で採用されている。

ろう・難聴者に関わるソーシャルワークの専門性について、奥野英子は、「聴覚障害者を対象とするソーシャルワークは、聴覚障害者のニーズを踏まえて支援することが求められる。具体的には、聴覚障害のある人々とコミュニケーションが取れることが基本であり、さらに、聴覚障害の特性を正しく理解し、目に見えない障害であるゆえに起きているさまざまな課題・問題を理解したうえで、利用者の立場に立って、心ある支援をしていくことが求められる」（奥野 二〇〇八：一〇五）とし、さらに原順子は、聴覚障害者（ろう文化）と聴者（聴文化）との関係性に介入する点をろう・難聴者を対象にしたソーシャルワーク実践の独自性として挙げている（原 二〇一二）。

二〇〇四（平成一六）年頃から社会福祉士や精神保健福祉士を取得したろう・難聴者を中心に、ろう・難聴者を対象にしたソーシャルワークの専門性を高め、その普及を目指す動きがみられるようになった。そして、ろう・難聴当事者や聴者でろう・難聴者に関わっている社会福祉士や精神保健福祉士の専門職能団体として、二〇〇六（平成一八）年七月に「日本聴覚障害ソーシャルワーカー協会（Japanese Association of Social Workers for Deaf and Hard of Hearing：JASWDHH）」が設立された。加入条件は、社会福祉士もしくは精神保健福祉士を所有し、かつ、ろう・難聴者の支援に関わっていることとなっている。二〇一七（平成二九）年二月時点での会員数は一一〇名で、ろう・難聴者の会員は三二名である。二〇一一（平成二三）年三月一一日に東北を中心に甚大な被害をもたらした東日本大震災は、ろう・難聴者の生活にも壊滅的な被害をもたらした。アメリカでも課題となっているが、災害時の緊急支援に関わることのできるソーシャルワーカーや心理士の養成は重要なことである。震災当時、日本聴覚障害ソーシャルワーカー協会が日本財団、全日本ろうあ連盟との協力関係の下、東北地域で被害を受けたろう・難聴者の面接、アセスメントを実施し、支援に関わった。ろう・難聴当事者の社会福祉士や精神保健福祉士であるからこそ、精神的な側面でのアセスメントが可能であった。東日本大震災での災害支援活動を経て、ろうコミュニティーにおけるソーシャルワーカーの意義が少しずつ認知されるようになりつつある。

現在の課題は、国家資格を持つろう・難聴者を雇用する機関や施設が増えているが、彼らに対

表5-2　ろう・難聴者に関わるソーシャルワーカーの状況——日米間比較

	日　本	アメリカ
教　育	専門学校もしくは4年制大学	大学院修士課程
資　格	社会福祉士及び精神保健福祉士（名称独占資格）	ソーシャルワーカー資格（LGSW）及び臨床ソーシャルワーカー資格（LCSW）
養成機関	特になし	Gallaudet University 学部・大学院修士課程
SWerの数	日本聴覚障害ソーシャルワーカー協会　正会員94名 ※ろうあ者相談員約200名	ソーシャルワーク修士号取得者　約250名 学部の卒業生　約300名
歴　史	地域のろうあ者相談員制度や聴覚言語障害者更生施設の取り組みから展開されてきた。 現在，聴覚障害者情報提供施設で勤務する相談員が増えている。	スティーブン・コー博士をきっかけにろう学校や精神障害を持つろう・難聴者の支援から広がった。
概　念	スペシフィック・ソーシャルワークではあるが，業務内容はジェネラリスト・ソーシャルワークである。	ジェネラリスト・ソーシャルワークを基本とし，ろう・難聴者に関する様々な知識や技術の重要性について述べている。
専門職能団体	日本聴覚障害ソーシャルワーカー協会　2006年7月設立	American Society of Deaf Social Workersが1979年に設立されたが1980年代後半には活動停止

出所：原（2008），Sheridan & White（2008）を基に筆者作成。

するスーパービジョンやトレーニングプログラムの構築が急務であることである。しかし、日本聴覚障害ソーシャルワーカー協会の研修会は、年に二回のみであり、研究の機会が十分確保されているとは言い難い。また、ソーシャルワーク専門職団体などの研修会への参加機会の確保が重要な課題となっているが、依然として情報保障等の確保が課題となっている（高山 二〇〇八）。しかしながら、二〇〇六（平成一八）年の日本聴覚障害ソーシャルワーカー協会設立以降は、特に精神保健福祉士の分野で、ろう・難聴当事者による発表が相次いで見られるようになってきた。そのため、日本精神保健福祉士協会主催の学会や研修会においては、手話通訳や要約筆記などの情報保障が提供されている。また、日米のろう・難聴当事者ソーシャルワーカーの養成や取得資格等について表5-2に示した。

(3) ろう・難聴当事者ソーシャルワーカーの養成と意義

二〇〇〇年代より、ソーシャルワークを学ぶろう・難聴学生が増え、また大学の講義における手話通訳や文字通訳等の情報保障も普及してきた。しかし、ろう・難聴者が社会福祉士や精神保健福祉士を取得し、当事者ソーシャルワーカーとしてろう・難聴者の社会福祉の現場で活躍するには、乗り越えなければならない壁がいくつかある。具体的には、①ろう・難聴当事者ソーシャルワーカーとしてのトレーニング機会の確保、②勤務先における情報保障の確保、③適切な実習先の確保、④適切なスーパーバイザーや実習指導者の確保、⑤就職先の確保、等が挙げられる。

情報保障を提供すれば済む問題ではない。ろう・難聴者、とりわけろう者のソーシャルワークの実践にあたっては、言語的文化的観点から関わることが重要であり、聴力損失の観点から障害者として捉える従来の伝統的な医学モデルに基づいた関わり方やスタンスでは、ろう者と対等なコミュニケーションがとれず、健全なアセスメントが困難となる恐れが大きいとされている。なぜ、ろう者を言語的文化的観点から捉えることが重要なのだろうか。医学的観点に基づいた聴力障害に関する知識ももちろん重要なことではあるが、多くのろう者は、手話という言語を獲得し、ろう者として日常生活を送っている。たとえば、英語が話せない日本人のソーシャルワーカーがアメリカ人を対象に支援をした時に、日本語が話せないという障害をもつ障害者として捉えるだろうか？　そうではなく、文化や言葉が違うことを前提に、通訳者を通して相手を理解しようとするだろう。それと同じように、手話のできないソーシャルワーカーが、ろう者の支援に関わる時に、日本語を話せない、聞こえない「障害者」という枠組みで捉えてしまっては、支援を受けるろう者にとっても重苦しい経験となるのは推測できるだろう。

ろう者をろう者として捉え、ろう者が手話でアクセスしにくい社会構造に問題があり、障害があるという捉え方をすることが、ろう・難聴者を対象にしたソーシャルワークの基本ではないだろうか。ろう者に関わるソーシャルワークにおいては、ろう者学に関連する各種知識とそれを実践に応用できる、つまり文化的対応能力としてのカルチュラル・コンピテンシー（cultural competency）が求められている。国際ソーシャルワーカー連盟においても、カルチュラル・コンピテンシーの重要性が議論されており、ソーシャルワーカーにとっては必須の能力である。

また、アメリカでは、カルチュラル・コンピテンシーは全米ソーシャルワーカー協会の実践倫理規範として定められている。ギャローデット大学では、カルチュラル・コンピテンシーとろう者学の視点を取り入れたソーシャルワーク教育プログラムが構成されている。日本のソーシャルワーク教育においてもろう者を対象としたソーシャルワークが円滑になされるためにカルチュラル・コンピテンシーについて学ぶことは重要なことである。ただ、単一民族国家ともいえる日本においては、カルチュラル・コンピテンシーを高めるための教育や意識づけが難しいともいわれている。カルチュラル・コンピテンシーの観点からソーシャルワークを実践するということは、ろう当事者の「ろう」であることとの「差異」を認め、「レイ・エキスパート」としてのろう者とともにろう者を取り巻く社会問題を解決することが重要であるとされる（奥田二〇〇七）。また、ろう・難聴当事者ソーシャルワーカーは、聴者のソーシャルワーカーと比較して、文化的感性（cultural sensitive）に優れているとの指摘がある（Sheridan・White 2008）。また、ろう・難聴当事者ソーシャルワーカーにはあっても、聴者のソーシャルワーカーにないものとして、ろう者自身がろう者の世界での直接体験を通じて言語や抑圧体験や差別などの体験、また言語外の知識（Deaf Extralinguistic Knowledge：DELK）を形成するという点である。これは、聴者がろう者としての主観的生活体験を経験することができないという側面を指摘しており、当事者ソーシャルワーカーの意義を証明するものであると評価できる。そのような意味で、ろう・難聴当事者ソーシャルワーカーの意義とは、ろう・難聴者に関する文化的感性であり、言語外的知識を有していることともいえる。

ギャローデット大学のシェリダン教授は、ろう・難聴者に関わるソーシャルワーカーに求められる能力として、ジェネラリスト・ソーシャルワークモデルを基本として、ネイティブサイナー並みに手話を運用できる能力は最も重要な事項であるとし、さらに表5-3のように、聴覚障害に関する基本知識の他に、ろう文化やろうコミュニティーに関する知識や技術の習得を求めている。

しかし、日本のソーシャルワーカー養成課程において、カルチュラル・コンピテンシーやろう者を言語的文化的少数者として捉えた上での教育を実施している教育機関やトレーニングプログラムはほとんど皆無である。また、社会福祉士と精神保健福祉士は国家資格であり、基本的には書記日本語による国家試験を受けなければならない。したがって、日本語が第一言語ではないろう者や日本語を不得手とする難聴者にとっては、国家試験における日本語の壁は大きい。この課題を解決するために、日本社会事業大学は、社会福祉士や精神保健福祉士を志すろう者を対象にした手話による国家試験対策講座を二〇一一（平成二三）年度より開催している。

表 5-3　ソーシャルワーカーに求められるろう者に関する知識

1	教育環境及びコミュニケーションを知っていること
2	通常のろう者の行動や言語，認知について知り，言語的文化的視座からの心理社会的精神状態のアセスメントや介入ができること
3	ろう者の人間行動や社会環境とライフサイクルの関連における心理社会的，アイデンティティ，発達上，様々な環境における問題について知っていること
4	最新の調査動向について知っていること
5	聴覚障害の種類や補聴機器，人工内耳に関する情報などの基本的な聴覚障害に関する知識
6	聴覚障害に関する重要な病因論と聴覚障害の発見手段に関する知識
7	ビデオ電話やリレーサービスに関する視覚的および電気通信技術や警報装置などの知識
8	多様なろう社会の社会文化的現実と社会構造，多文化感性や価値観に関する知識
9	ろう・難聴者，家族，集団，コミュニティー，組織におけるろう者のストレングスや資源に関する知識
10	ろう者や難聴者，家族，ろう社会におけるアイコンタクトや独自の感覚などの効果的な面接技法の習得
11	抑圧や差別，オーディズムといった経験を含むろう者の独特な社会正義の問題に関する知識
12	リハビリテーション法やアメリカ障害者法などの法律に関する知識
13	ろう者のメンバーがいる家庭の心理的ダイナミクスに関する知識
14	ろうコミュニティに関する理解と専門的資源に関する知識
15	手話通訳者の専門倫理綱領の知識と適切な役割に関する知識

出所：Sheridan & White (2008).

4　ギャローデット大学におけるソーシャルワーク教育

(1) ギャローデット大学の歴史

ギャローデット大学は、一八六四年に世界で初めて、ろう・難聴学生を対象とした文系総合大学として設置された。一九六七年設立の国立聾工科大学（National Technical Institute for the Deaf : NTID）や一九八〇年にテキサス州によって設立された南西聾短期大学（SouthWest Collegiate Institute for the Deaf : SWCID）、一九八七（昭和六二）年設立の筑波技術大学（旧・筑波技術短期大学）などといったろう・難聴学生のための高等教育機関はあるが、いずれも理数工学系の大学であり、対人援助専門職養成プログラムを含めた文系のカリキュラムを提供しているのは、現時点でギャローデット大学のみである。二〇一五年三月の時点で、二五種類の学士号と二三種類の修士号、六種類の博士号を取得することが可能となっている。教員も約過半数がろう・難聴者である。また、一九八八年から四代続けてろう者が学長になっている。また、大学キャンパス内にろう学校も設置されており、〇歳児の早期教育プログラムを含めて、アメリカにおけるろう・難聴児のためのバイリンガルろう教育を牽引している。ギャローデット大学はろう・難聴者のための大学ではなく、あくまでもアメリカ手話と英語を学内の公用語としながら、学問を追究する大学であることから、

表5-4　ギャローデット大学における専門職養成プログラムと内容

	学士課程	修士課程	博士課程
ソーシャルワーク学部	○	○	×
心理学部	○	○	○
カウンセリング学部	×	○	×
ろう教育学部	○	○	○
手話通訳学部	○	○	○
オージオロジー学部	×	○	○

出所：ギャローデット大学のHPを基に筆者作成。

ろう・難聴者だけではなく、聴者にも門戸が開かれている。つまり、講義では、教員がアメリカ手話で専門知識を教授し、ディスカッションをするため、ある意味では手話ができない学生や教員はキャンパス内では言語的文化的弱者となり得るのである。

ギャローデット大学では専門職養成課程として、ソーシャルワーク学部、心理学部、カウンセリング学部、ろう教育学部、手話通訳学部、オージオロジー学部といったプログラムがある（表5-4）。それぞれの学部がろう・難聴者の支援に特化した専門職養成プログラムを提供し、ろう学校などで活躍できる専門職を養成するために、「スクールソーシャルワークコース」「スクールカウンセリングコース」「スクールサイコロジストコース」の教育プログラムも設置されている。

(2) ギャローデット大学におけるソーシャルワーカー養成の歴史

一九七〇年に社会学部の非正規コースとして、ソーシャルワーカー養成プログラムが設置された。設立当初は、かつてワシントンDCにあった多くのろう・難聴者を受け入れていたセイントエリザベス精神科病院と連携しながらインターンシップ等を中心に当事者ソーシャルワーカー養成プログラムを実施していた。その後一九七六（昭和五一）年に、全米ソーシャルワーク教育協議会（CSWE）によって、学士課程のソーシャルワーク教育プログラムが認可され、社会学・ソーシャルワーク学部として、正規コースとして、養成教育がスタートした。さらに、様々なニーズに対応が可能な高度な技術を有するソーシャルワーカー養成のニーズや卒業生の要望等もあり、一九八九年に修士課程が設置されるとともに、ソーシャルワーク学部として独立した。学士課程は平均四〇～六〇名、修士課程では約五〇名の学生を抱える大所帯である。なお、全米の中でも数少ないスクールソーシャルワークコースも設置されており、かつ世界で唯一、ろう・難聴児やその家族への支援に対応できるスクールソーシャルワーカーの養成を実施している。教育目標としては、表5-5のようになっており、特にろう・難聴者のソーシャルワーク実践が可能なソーシャルワーカーの養成に重点をおいている。

なお、ソーシャルワーク修士課程は研究者養成が目的ではなく、臨床で即戦力となりうる専門職養成が目的の専門職大学院のため、修士論文執筆は課せられていないが、合格基準が厳しい進級試験や二年間で一〇〇〇時間以上のインターンシップなどといった実践経験が求められている。

教員の構成については、二〇一七年二月時点で、八名の教員（うち、五名がろう者、六名が博士号取

表5-5　ギャローデット大学ソーシャルワーク学部の教育目標

1	ろう・難聴者における多様性について自覚し，社会正義やウェルビーイング，文化的感性を活かすためのスキルを向上させること
2	ウェルビーイングを促進し，またろう・難聴の子どもから成人，またその家族，集団，地域が抱える問題とニーズを敏感に感じとるソーシャルワーク実践を保障すること
3	抑圧や貧困，社会的差別，文化，人種，年齢，階層，障害，ジェンダー，宗教，性別などの Population-at-risk や多様性を抱えた人々に関する問題の知識をろう・難聴者クライエントシステムと調和できるようにすること
4	劣った人として心理的に，社会的に抑圧されてきたろう者の経験を理解し，ろうコミュニティーの強さや弾力性に焦点を当て，ろう者の多様性に敏感であることを確約できること
5	政策分析・立案，アセスメント，介入，プログラム評価などの様々な方略において，ろうコミュニティーとともに様々な段階で協働できること
6	ろう・難聴の子ども，成人，家族，集団，地域に対して，ソーシャルサービスへのアクセスを保障できること
7	クライエントとクライエントシステムに対して，アメリカ手話と英語を通して，アセスメント，介入，評価ができる能力を示すことができること

出所：「ギャローデット大学ソーシャルワーク学部学生ハンドブック」(2014)。

得者である。）が在籍している。すべての教員がソーシャルワーク修士号を持ち、かつ最低五年以上の臨床経験を有している。

(3) 養成カリキュラム

修士課程での養成カリキュラムは、ジェネラリストソーシャルワークアプローチの考え方に基づき、主にソーシャルワークを構成する五つの領域から構成されている。五つの領域というのは、「人間行動と社会環境」「ソーシャルワーク実践」「リサーチ」「インターンシップ」「法律・制度」である。さらに、ろう者の歴史や行動心理や聴覚障害に関する医学的な基礎知識等を学ぶために「聴覚障害学」や「ろう者学」等の履修が求められている。一年次には、ジェネラリストソーシャルワークの基礎を学ぶことを中心に全米共通のカリキュラムが組み立てられているが、二年次のカリキュラムは、ろう・難聴者に特化したソーシャルワークの学習や実習を中心に組み立てられている（表5-6）。加えて、スクールソーシャルワークコースを履修している学生は、「スクールソーシャルワーク実践」「教育関連法規・政策」「遊戯療法（Play Therapy）」「ＤＳＭ-Ｖ（精神疾患のアセスメント）」の履修に加えて、「家族療法」「重複障害学生支援」「早期教育における連携」「ダイバーシティー（多様性と文化の理解）」等の講義の履修、さらに学校領域でのインターンシップが求められている。ジェネラリストソーシャルワークコースの修了生の多くは、ろう・難聴者の精神保健関連施設のセラピストとして、スクールソーシャルワークコースの修了生の多くは、ろう学校や普通の学校に通うろう・難聴児を対象としたプログラムのスクールソーシャルワーカーやスクールカウンセラーとして就職することが多い。

修士課程では、二年間を通じて、一〇〇〇時間以上のインターンシップが課せられており、さらに毎週のインターンシップ報告やプロセスレコードの提出が必須となっている。また、インターンシップ先の選定に当たっては、ろう・難聴者支援が専門の機関であり、ソーシャルワーク修士号以上の学位と上級ソーシャルワーカー資格を持つ指導者の下でスーパービジョン（臨床実践指導）が受けられることがインターンシップ先の決定にあたっての必須要件となっている。インタ

表 5-6　ソーシャルワーク修士課程における養成カリキュラム

	1年次履修科目	2年次履修科目	スクールソーシャルワーク関連科目	その他の履修科目
ソーシャルワーク実践	ソーシャルワーク実践：個別支援	ソーシャルワーク実践：ろう・難聴者	スクールソーシャルワーク実践	DSM-V（精神疾患のアセスメント）
	ソーシャルワーク実践：家族・グループワーク	ソーシャルワーク実践：ろうコミュニティ	遊戯療法（Play Therapy）	家族療法
	ソーシャルワーク実践：組織・政策			カルチュラル・コンピテンシー
インターンシップ	インターンシップ（500時間）スクールソーシャルワークコースは，学校領域のみ	インターンシップ：ろう・難聴領域（500時間）	インターンシップ：ろう学校領域（500時間）	
人間行動と社会環境	人間行動と社会環境：個人とグループ	人間行動と社会環境：ろう・難聴者と家族		老年学
	人間行動と社会環境：コミュニティーと組織	人間行動と社会環境：ろうコミュニティー		
政策分析	社会福祉関連法規・政策	障害者関連法規・政策	教育関連法規・政策	
リサーチ	質的研究法	調査研究：ろう・難聴者領域		
	量的研究法			
その他	ろう者学	資格試験対策講座	早期ろう教育	
	聴覚障害学			

出所：表 5-5 と同じ。

ーンシップ先については、精神科病院のろう・難聴者プログラムやろう学校、ろう・難聴者専門のメンタルヘルスセンター、地域の聴覚障害者協会などが挙げられる。インターンシップの経験で共通することは、ろう・難聴であるかどうかにかかわらず手話ができ、ろう・難聴者の文化的側面に造詣が深い指導者のスーパービジョンを受けられることである。なお、ソーシャルワーク学部は、インターンシップ先のスーパーバイザーを招集し、生涯研修学位（ＣＥＵｓ）が付与される研修会を例年開催している。

(4) コミュニケーション

ソーシャルワーク学部では、ろう・難聴当事者が質の高いコミュニケーションを通して支援を受けられるように、ソーシャルワーク修士課程では、アメリカ手話評価試験（American Sign Language Proficiency Interview：ASLPI）という手話技術を統合的、客観的に評価する試験の受験が課せられている。アメリカ手話評価試験は、三名の評価委員によって、各種カテゴリーごとに五段階で評価するというシステムとなっている。ＡＳＬＰＩの合格基準を満たさなければ、インターンシップや卒業ができないといった制約を受けることになる。なお、ソーシャルワーク修士課程の学生に課されているＡＳＬＰＩの合格基準は、平均二・五点以上である。なお、学士課程では義務づけられていない。

また、ＡＳＬＰＩは聴者の学生だけではなく、すべてのろう・難聴学生も試験を受けなければならないことになっている。近年は、ろう学校等での求人応募条件やインターンシップの引き受け条件の一つとしてＡＳＬＰＩの受験結果の提出が求められているところも増えてきている。つまり、ソーシャルワーカーとして、言語学の専門的な知識は求められないが、言語としての手話と音声言語の違い、人工内耳、聴覚口話法からバイリンガルろう教育まで適切に理解し、それらを適宜、支援対象のクライエントに合わせて適切なコミュニケーションモードを選択できる能力は必須であるともいえる。

(5) ろう者学

ギャローデット大学大学院ソーシャルワーク修士課程では、「ろう者学（Deaf Studies）」のクラスの履修が義務づけられている。「ろう者学」とは、ろう者や手話についてあらゆる視点から学問的に捉えたもので、近接領域として、黒人学や女性学が挙げられる。つまり、「聴覚障害者」という医学的観点からではなく、言語的文化的観点から「ろう者」を捉えなおすということに学問的意義がある。ろう者学では、ろうコミュニティーで受け継がれてきた言語、生活、習慣、伝統、歴史等を含めたカリキュラムが組まれている。ろう者学に関しては、一九六〇年代後半からアメリカやイギリスを中心に発展してきた。ギャローデット大学ろう者学部の講義をいくつか挙げてみると、「ろう文化」「手話に関する言語学的観点」「手話の構造」「アメリカろうコミュニティーの歴史」「ろうコミュニティーにおける公共政策と権利擁護」「メディアとろうコミュニティー」「アイデンティティーと理論」「ろう者の権利」等がある。ソーシャルワークに関連することとして、聞こえに起因する差別や聞こえが優位だとする考え方を指すオーディズム（Audism）を学ぶことがキーワードとなる。

5　ソーシャルワーク教育——日本社会事業大学の取り組みから

日本には、ギャローデット大学のようにろう・難聴者分野のソーシャルワークに特化した養成プログラムを提供している大学やプログラムはまだ設立されていない。そのような中で、唯一、日本社会事業大学が「聴覚障害ソーシャルワーク総論（二単位）」を二〇一二（平成二四）年から開講している。聴覚障害ソーシャルワーク総論の具体的なカリキュラムは表5-7の通りである。主に、ディスカッション、ロールプレイを中心とし、受講生自らが考え、「学びとる」講義形式を採用している。また、特にろう・難聴当事者の受講生に対しては、自身がろう・当事者であることの意味、当事者ソーシャルワーカーになることの意義について、深く自己洞察できるよう講義を組み立て、また質問を投げかけている。つまり、ろう・難聴当事者だからこそ、「ろう者学」

表 5-7　聴覚障害ソーシャルワーク総論のカリキュラム

1	ろう・難聴者の基本的理解――医学的観点と文化的観点
2	音声言語と手話言語
3	ソーシャルワークの基本
4	ろう・難聴者とソーシャルワーク
5	ろう難聴者福祉施策および福祉サービス
6	ろう・難聴者を対象にした面接技法
7	ろう・難聴者を対象にしたアセスメント
8	ろう教育とスクールソーシャルワーク
9	家族とソーシャルワーク
10	難聴・中途失聴者とソーシャルワーク
11	精神障害を持つろう・難聴者とソーシャルワーク
12	盲ろう者とソーシャルワーク
13	高齢ろう・難聴者とソーシャルワーク
14	コーダとソーシャルワーク
15	まとめ

出所：「日本社会事業大学聴覚障害ソーシャルワーク総論シラバス」（2016）。

の知見に基づいたトレーニングは重要なキーワードであると考えている。もちろん、聴者でも同様である。

なお、最終レポートは、手話によるレポートを課している。つまり、従来のようにA四用紙を使用したレポートではなく、受講生自らが手話を通してレポートをまとめるという形になる。これは、ギャローデット大学の一部の講義で採用されている方法と同じである。

6　当事者ソーシャルワーカーの意義

ろう・難聴者を対象にしたソーシャルワークにおいては、ろう者や難聴者であることを認め、彼らとともにソーシャルワーク実践をすることが重要である。また、ろうコミュニティーとの協働を通じて、様々な背景を持つろう者に適切なソーシャルワークを提供することが重要であり、そのためには、「ろう者学」の知見を踏まえたソーシャルワーク教育が求められる。ろう・難聴当事者ソーシャルワーカーの意義とは、彼ら自身が「聞こえない」ことからの差別や抑圧を主観的に体験してきていること、手話を含むコミュニケーションが可能なことである。このようにソーシャルワークの対象者としての「ろう者」を適切に捉えたソーシャルワークが、今、求められている。

これまでの聴者や医学的観点からのソーシャルワークによる負の連鎖を断ち切るには、ろう・難聴当事者が当事者ソーシャルワーカーとなることが重要である。ろう者学の研究者であるP・ラッドは、ろう者を専門職として雇用することが増えているが、ろう専門職に「ろう独自の視点」を取り入れたトレーニングを実施することが、様々な差別によって甚大な損益を受けてきたろうコミュニティーの再建のための人材確保につながるのであるとの主張しており（Ladd 2003）、私たちが当事者ソーシャルワーカーの意義を追究することはこの考えと一致する。ろう・難聴当事者ソーシャルワーカーが自身のデフ・アイデンティティーやソーシャルワーカーとしての職業アイデンティティーを洞察する機会を得られる養成カリキュラムを追究することなくして、「ろう・難聴当事者ソーシャルワーカー」の養成や意義を論ずることは難しい。日本型・日本発のろう・難聴当事者ソーシャルワーカー養成のプログラムの構築を目指すことは重要であろう。

参考文献

赤畑淳（二〇〇八）「聴覚障害と精神障害を併せ持つ人々への精神科医療におけるソーシャルワークのあり方——支援における困難性に焦点をあてて」ルーテル学院大学『日本ルーテル神学校紀要』四二、一一三-一二六頁。

秋山智久（二〇〇七）『社会福祉専門職の研究』ミネルヴァ書房。

伊藤萬祐（一九八五）「手話通訳制度をめぐって」『リハビリテーション研究』五〇号、二九-三四頁。

奥田啓子（二〇〇二）「ろう者をめぐるソーシャルワーク実践の基礎的考察——アメリカの専門誌にみる援助観の動向を中心として」『社会福祉学』四三(一)、一五五-一六四頁。

奥田啓子（二〇〇四）「障害者をめぐる言説の構築とソーシャルワーク実践——新たな言説（「聴覚障害者」から「ろう者」へ）の形成と協働の可能性を求めて」『社会福祉学』四四(三)、三-一三頁。

奥田啓子（二〇〇七）「障害者とアイデンティティ——ろう者を事例とする考察」『社会福祉学』四八(二)、四二-五四頁。

奥野英子（二〇〇八）「聴覚障害児・者へのソーシャルワーク支援」奥野英子編『聴覚障害児・者支援の基本と実践』中央法規出版。

国際ソーシャルワーク連盟（二〇一四）『ソーシャルワークのグローバル定義』国際ソーシャルワーク連盟。

高山亨太（二〇〇八）「ギャローデット大学における教育」奥野英子編『聴覚障害児・者支援の基本と実践』中央法規出版、八三-八八頁。

高山亨太（二〇〇八）「聴覚障害を持つ社会福祉専門職の就労の現状と課題」『筑波大学大学院ヒューマン・ケア科学専攻修士論文』。

高山亨太（二〇〇八）「社会福祉関連学会等における障害のある会員への支援の実態と課題」『リハビリテーション連携科学』九(二)、一一六-一二一頁。
高山亨太（二〇一三）「メンタルヘルスから捉えた聴覚口話法」『ろう・難聴教育研究会』三四、二五-三一頁。
高山亨太（二〇一四）「ろう者の私にとっての学問——研究者を目指して」『リハビリテーション』五六四、二三-二六頁。
野澤克哉（二〇〇二）「聴覚障害者のケースワークⅣ」聴覚障害者問題研究会。
原順子（二〇〇八）「聴覚障害ソーシャルワークの専門性・独自性と課題」『四天王寺大学紀要』四六、一三九-一五一頁。
原順子（二〇一一）「文化モデルアプローチによる聴覚障がい者への就労支援に関する考察——ソーシャルワーカーに求められるろう文化視点」『社会福祉学』五一(四)、五七-六八頁。
原順子（二〇一二）「聴覚障害者の特性を考慮したソーシャルワーク実践のプロセス概念と枠組みに関する研究——聴覚障害ソーシャルワーカーへの質的調査から」『四天王寺大学紀要』五四、一一七-一三〇頁。
松岡克尚（二〇〇七）「『障害者ソーシャルワーク』への展望——その理論的検討と課題」『ソーシャルワーク研究』三三(二)、四-一四頁。
Gallaudet University (2014) *Student Handbook*, Gallaudet University.
Ladd, P. (2003) *Understanding Deaf Culture: In Search of Deafhood*, Multilingual Matter.
McLaughlin, H., Brown, D. & Young AM. (2004) "Consultation, community and empowerment-lessons from the Deaf community." *The Journal of Social Work* 4(2), pp. 153-166.
NASW (2001) *NASW Standards for cultural competence in social work practice*, NASW.
Oliver, M. & Sapey, B. (2006) *Social Work with Disabled People* (*Third Edition*), Palgrave Macmillan
Sheridan, M. & White, B. (2008) "Deaf and hard of hearing people" in Mizrahi, T. & L. Davis (eds.) *The*

encyclopedia of social work, 20th Vol. 2, Oxford University Press, pp. 1–10.
Sheridan, M., White, B. & Mounty, J. (2010) "Deaf and Hard of Hearing Social Workers Accessing Their Profession: A Call to Action" *Journal of Social Work in Disability & Rehabilitation* 9(1), pp. 1–11.

第6章　手話で学ぶことの心理学的意味とは

中野聡子

1　手話で学ぶということ

私は、二〇一〇（平成二二）年から「手話による教養大学」で「ことばとこころ」に関する心理学の講義を行ってきた。なぜ手話での講義なのだろうか。一般の学生が受けている講義に、ノートテイクなどの情報保障を付ければ事足りるのではないのか。手話通訳を付ければ同じことではないのか。そのように思う人は多いかもしれない。ろう学生が履修したいと思う人学の講義のすべてをダイレクトに手話だけで行うことは不可能であるし、すべてを手話からのみの学びで完結させることは現実的ではないであろう。そのため高等教育機関として、ろう学生が一般学生と同じようにどの講義にも参加できるように情報保障環境を整えていかなければならないのは言うまでもない。しかし、私は情報保障として文字通訳や手話通訳をつけて授業を受けることと、講師がろうで自ら手話を繰り、手話を共通言語として授業を進めるのでは、受講生にとっての意味が異なると考えている。このことについて、手話で学び、手話で考え、議論することの意義を本講義での経験、そして大学に入学するまで全く手話のことを知らなかった私が、手話で講義をするようになるまでの過程をふりかえりつつ考えてみたい。

2　聴覚障がい学生支援＝文字通訳でよいのだろうか

日本の高等教育機関における聴覚障がい学生支援は手書きやパソコンによるノートテイク、すなわち文字通訳が中心となっている。日本学生支援機構による調査[1]では、聴覚障がい学生が一人以上在籍する大学において最も実施率が高いのは手書きでのノートテイクであり、聴覚障害学生在籍校数の三二・二％となっている。教室内座席配慮二八・五％、注意事項等文書伝達二三・三％、パソコンノートテイク二一・九％と続き、手話通訳の実施率はこれらよりも大幅に下回る一二・二％となっている（二〇一四〔平成二六〕年度現在）。

この背景として、聴力レベルや教育歴から手話ユーザーではない聴覚障がい学生の多さはもちろん大きな要因として考えられるであろう。しかし、そのことよりもむしろ支援サービス提供側の都合によるところが大きいのではないかとも考えられる。理由の一つとして、日本の高等教育

図6-1　聴覚障がい学生支援実施校における支援の担い手

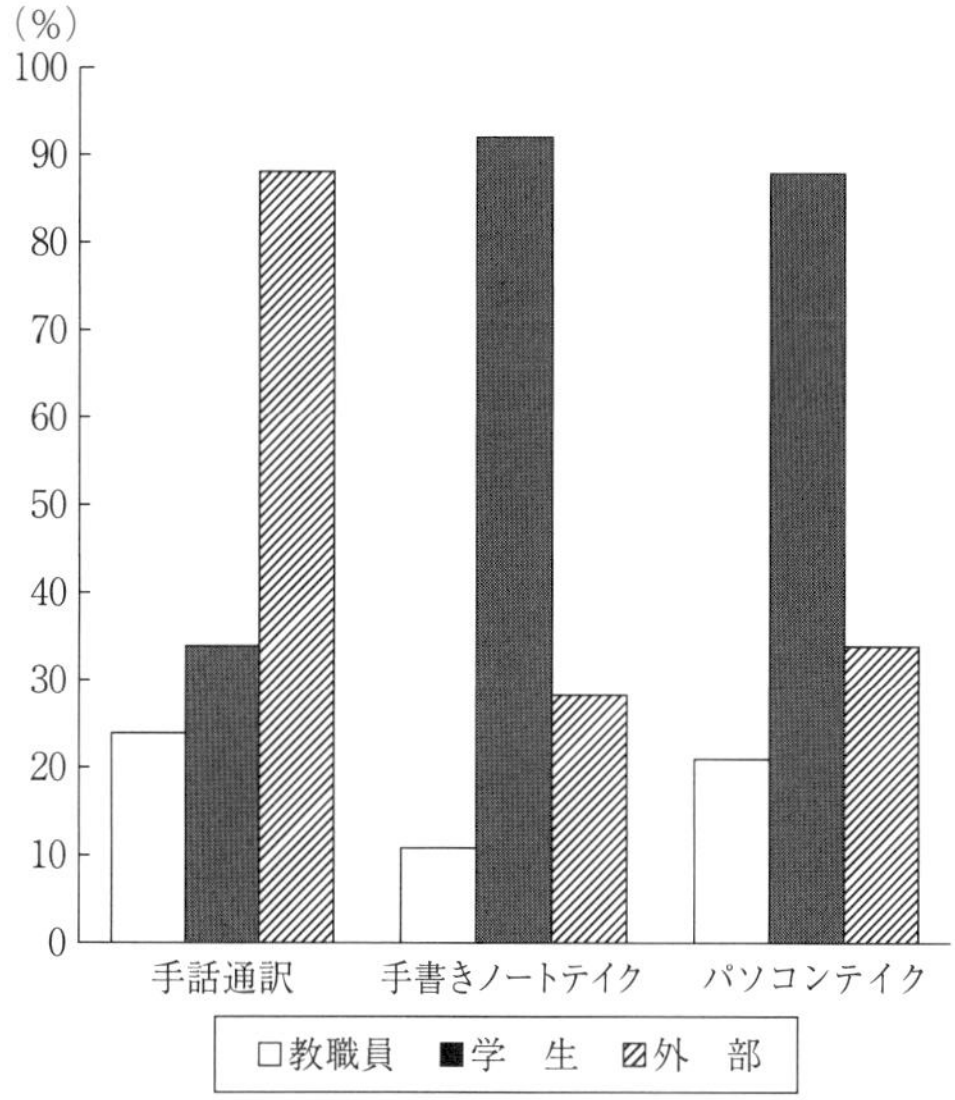

出所：日本学生支援機構による調査結果を基に筆者作成。

機関における聴覚障がい学生支援は在籍学生による有償、または無償のボランティアに大きく頼っていることが挙げられる。図6-1は、同じく二〇一四（平成二六）年度の日本学生支援機構による調査データを基に、手話通訳、パソコンテイク、手書きノートテイクの実施校における支援の担い手を示している。手話通訳はさすがに実施校の九割近くが外部による支援を利用しているものの、手書きノートテイクやパソコンノートテイク等の文字通訳では、実施校の九割前後で学生による支援が行われている。この点で、手話通訳やCART、C-Print等の文字通訳を、専門的技術をもつプロが担っている欧米の聴覚障がい学生支援とは大きく異なっている。[2] 文字通訳の習得にも

図6-2　聴覚特別支援学校卒業生の大学進学率

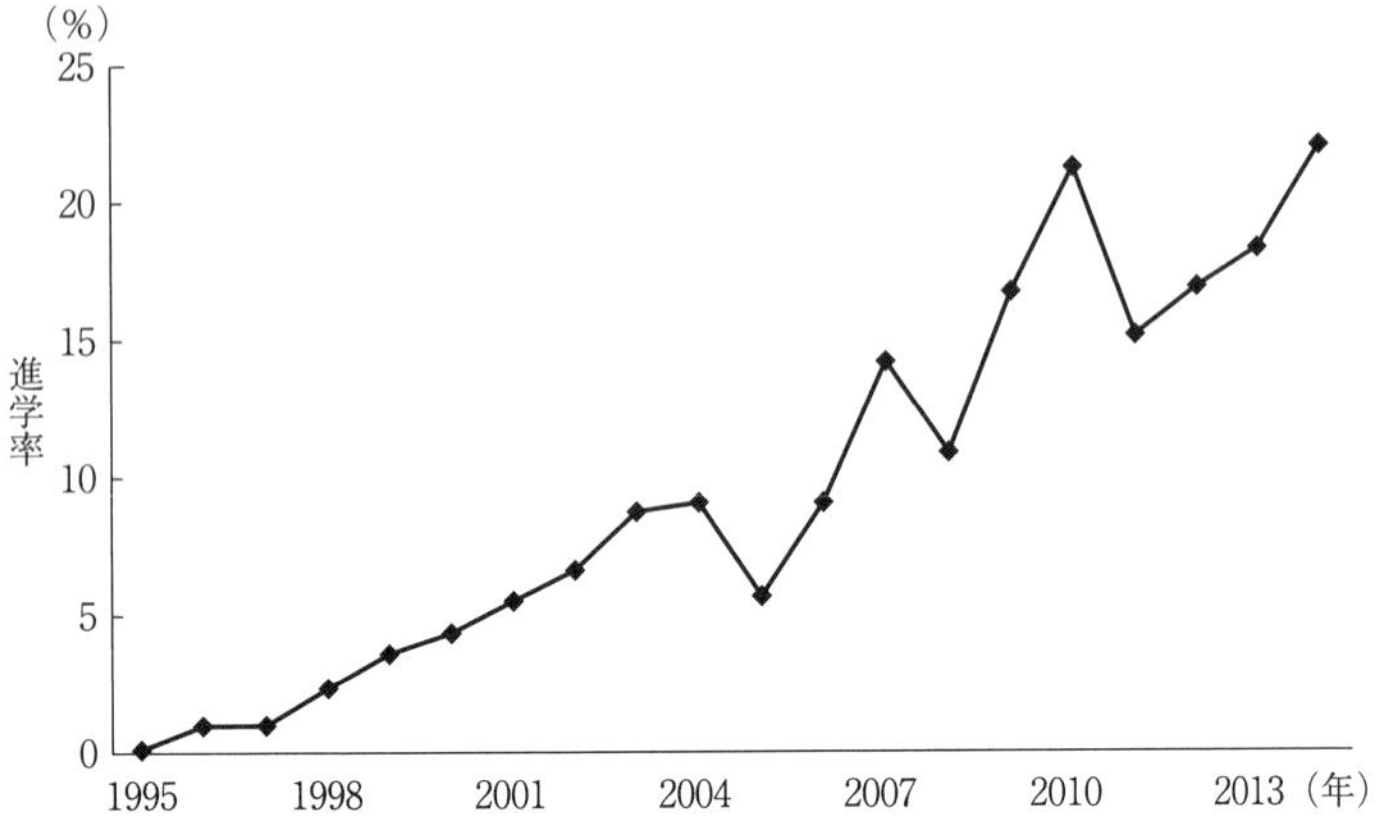

出所：文部科学省「学校基本調査」（1995～2014）を基に筆者作成。

もちろん適性がありトレーニングが必要であるが、当該言語を身に付けているという面で、手話を学ぶところから始めなければならない手話通訳よりはずっと短時間に、かつ多くの学生を支援者として養成することができる。高等教育機関にとって文字通訳による支援はコストを抑えながら自前で提供しやすい支援方法なのである。

しかし、受け手であるろう学生にとって文字通訳による支援が最適であるとは必ずしもいえない。

理由の一つに聴覚特別支援学校高等部から高等教育機関への進学率が増加していることが挙げられる。図6-2は、文部科学省の「学校基本調査」のデータを基に、一九九五（平成七）～二〇一四（平成二六）年度の過去二〇年間における聴覚特別支援学校高等部卒業生の高等教育機関進学率を表している。聴覚特別支援学校高等部卒業生数が一九九五（平成七）年には七七〇人であったものが二〇一四（平成二六）年には四四〇人と減少しているにもかかわらず、大学進学者数はほぼ右肩上がりに増加している。聴覚特別支援学校を卒業したろう学生にとって文字よりも手話の方が理解しやすいであろうことは容易に想像できる。

もう一つの理由として、情報保障手段として文字通訳と手話通訳では利用に適した場面が異なることが挙げられる。文字通訳のうち、手書きノートテイクでは講師の発話内容が三〇％程度に要約されてしまう。三〇％に圧縮された要約文ではたして聞こえる学生と同じように授業を受けていると感じられるだろうか。パソコンノートテイクでは入力者の熟練度にもよるが六〇～八〇％程度に要約される。八〇％程度の再現率であれば情報量としては満足できるレベルではないかと考えられる。しかし、文字通訳は、「ターンテイキング」「韻律的要素」「臨場感」の三つの面で、手話や手話通訳には及ばない。ゼミや資格取得のための現場実習では会話が必要である。ろう学生自らがその場面での調整役となって司会をしたり、能動的に対象者とコミュニケーションをとることを求められることもある。タイムラグが大きい文字通訳は、即時性の点で自然なターンテイキングを行いにくい。

また、文字化される時点で発話に含まれる韻律的要素はすべて脱落することになり、話者の意図や感情を正しくつかめない(3)、話の展開を予測することが難しいなどの問題が生じる。このため、文字通訳は講師が一方的に話をし、専門的知識供与を行う座学には向いているが、ゼミや実習は手話通訳の方がよいといえる。私はなるべく、聴力に関係なく手話を習得し、場面に応じてコミュニケーションや情報保障を使い分けられるようになってほしいと考えている。

ところが、手話ユーザーではないろう学生は大学の提供する文字通訳支援にそのままのっかりやすく、大学としても「本人のニーズは文字通訳だから」として、わざわざ手話の習得を勧めることはない。聴覚特別支援学校卒業のろう学生に対しても「大学に入学できるレベルなら日本語を繰ることに問題はないはず」「大学卒業後、社会に出たら職場で手話通訳なんかないから、聞こえる誰もが行いやすい文字通訳に慣れておくべき」といったレトリックで、ろう学生たちの手話や手話通訳に対する潜在的ニーズを覆い隠してしまっているケースもあると思われる。

3　「外国語副作用」とろう

高野陽太郎（一九九五）は、第二言語を習得中の人がその言語を用いるとき、思考力が一時的に低下する「外国語副作用」という現象が生じると主張している。人間の言語処理の多くは自動化されている。「私は学校へ行きました」という文章を表出するのに、日本人話者であれば「私は」は主語、「学校へ」は目的語、「行きました」は述語で、S＋O＋Vだから……などと考えたりはしない。脳内では自動的にそういった処理が行われており、本人に意識されることはない。だが、学習中の第二言語だったらどうだろうか。「語順はどうだったかな」「学校はなんて言うのだったかな」「過去形はどう変化させるのだったかな」と文章にするまで、いろいろと考えをめぐらせることになる。その結果、表出することだけで脳内に存在する言語運用のための処理資源を大幅に消費するので、話されている内容そのものについて考えたりすること等が難しくなる。

処理資源の消費という観点から、ろう児・者の言語運用について、二つのことがいえるであろう。

一つ目は、日本手話は日本語とは異なる独自の文法体系をもった言語であるので、日本手話話者にとって日本語は外国語ということになる。外国語副作用は第二言語の習熟度にも大きく影響されるので一概に言うことはできないが、大学全入時代を迎えて、十分な日本語力を持たないまま入学してくるろう学生がいるのも事実である。講義に情報保障としてつけているノートテイカーに「文章がたくさんあるとわからないし読むのに疲れるので、ポイントだけ要約して書いてほしい」というろう学生もいる。

二つ目は、聴覚活用や口話で音声言語を理解しようとする際、外国語副作用に類似した現象が生じているのではないか、ということである。特別支援教育の対象となるろう児の聴力障がいのタイプのほとんどは高度～最重度の感音性難聴である。図6-3は、「難聴者の音声の聞こえ方を可視化してみました。健聴者の人の耳には音声はこんなふうに聞こえています」という発話の、

図6-3　感音性難聴で補聴器装用時の聞こえのイメージ

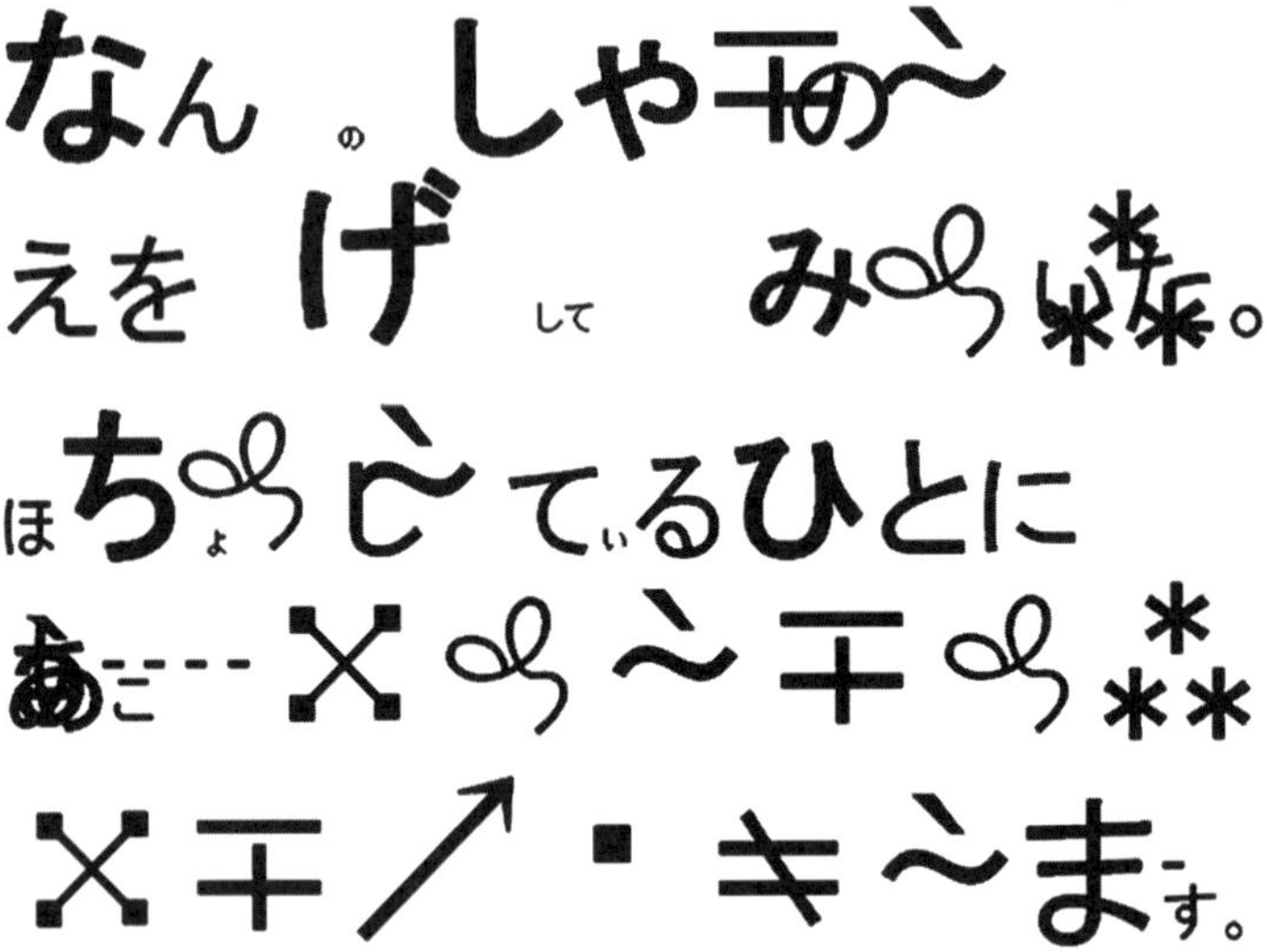

出所：佐々木あやみ作成（佐々木あやみのブログより）。

感音性難聴で補聴器を装用したときの聞こえ方のイメージである。感音性難聴では音にひずみが発生するので、補聴器で音が増幅されても聞きとりは難しい。また、雑音がある環境下での聞きとりの困難さは補聴器使用時のみならず、人工内耳でも同様である。

大学時代の恩師は、「聴覚活用とは耳で聞くことじゃない、脳で聴くことなんだよ」と表現していたが、まさにその通りである。その場で話されるであろう文脈を予測しながら、聴覚活用や口話で得た曖昧な断片を脳内にある心的辞書（mental lexicon）を総動員して、パズルをつなげていくような作業をしなければならない。すなわち、「何を言ったのか」

をつかみとる作業に処理資源のほとんどを費やすことになる。内容について「確かにそうだ」とか、「いやこの部分は違うんじゃないか」とか「なるほど、だからAとBが関連しているのか」などと思考するゆとりはない。

大学の授業そのものは、国語の授業でもなければ、言語訓練の場でもない。ろう学生にとって、「何を言っているのか」を理解するために処理資源を大幅に費やすことなく、「理解しやすい言語」「受信しやすい言語」で学び、思考することが優先されるべきなのではないだろうか。

4　高等教育の手話通訳支援の現状

次に、日本の高等教育機関における手話通訳支援の現状についてふれたい。

高等教育機関で手話通訳養成が行われている諸外国では、重度の聴覚障がい児・者に対して、初等・中等教育から高等教育に至るまで統合教育の現場で手話通訳による支援が普及している。たとえばアメリカでは、一〇〇校以上もの高等教育機関に手話通訳養成プログラムが設置されており、高等教育機関、もしくはそれ以上のプロフェッショナルレベルにおける手話通訳養成を目指した教育が行われている（小林・白澤 二〇一三）。

しかし、日本における手話通訳養成は各都道府県における厚生労働省委託による手話通訳養成事業が中心となっている。本事業で養成を受け、地域で活躍する手話通訳者（以下、コミュニティー通訳者）は、本来ろう者の生活を保障するための手話通訳支援であり、養成カリキュラムそのものも高等教育に対応可能な内容となっていない。日本の高等教育機関等では、大学の職員として手話通訳士を雇用し支援にあたらせているケースはそれほど多くなく、また手話通訳士を雇用しているケースであっても職員のみですべて対応することは困難で、各都道府県もしくは市区町村を通してコミュニティー通訳者による手話通訳派遣を依頼しているケースが多い。図6-2の手話通訳支援の担い手の六割を占める「外部」のほとんどは、コミュニティー通訳者であると思われる。

日本で用いられている手話は、①日本語とは全く異なる文法体系をもつ自然言語である日本手話、②日本語の文法に合わせて手話単語を並べ、助詞や助動詞は指文字や口形で表す日本語対応手話、③二つの手話の文法的要素が混合した中間型手話、に分類されている。大部分のコミュニティー通訳者や聴者が用いているのは中間型手話であるが、単語レベルで日本手話の借用はあっても語順やリズム等の統語レベルでは日本語対応手話の要素が強いことが特徴である（原・黒坂二〇一一）。

5　なぜ中間型手話の通訳はわかりにくいのか

幼少時より聴覚特別支援学校や家庭で日本手話を主に用いてきたろう学生にとって、日本語対応手話がわかりにくいというのは理解できるが、大学入学後に手話を覚えたろう学生は日本語対応手話的要素の強い中間型手話の方が適していると考えられている。大学の教職員向けに作成された障がい理解のための冊子類でも「通常学校卒業や中途失聴のろう学生は日本語対応手話を好む」と記されていることが多い。コミュニティー手話通訳者らも「大学に入学できるろう学生なら日本語の能力が高い」「学術的な内容はそのまま日本語対応手話で表した方がよい」という考えが大変多い。

しかし、論理性の高い内容は、手話言語の文法を使用した表現の方が理解しやすいとする研究結果がある。Murphy & Fleischer（1976）は、音声英語の発話に沿って手話単語を並べる手指英語を使用するろう学生であっても、アメリカ手話の通訳の方が内容に対する理解度は高かったと報告している。また、吉川ら（二〇一一）は、大学院生には学部生に比較して、日本手話特有の文法である類辞（Classifier : CL）、ロールシフト（role shift : RS）、非手指標識（non-manual marker (s) : NMM）を使用した通訳が、内容の論理構造がつかみやすいため高い評価であったとしている。手話及び手話通訳に精通し、多くのろう学生の支援コーディネートを行ってきた担当者は、聴覚特別支援学校から大学に入学してくるろう学生であっても、学部一～二年生の時は日本語対応手話的要素の強い手話通訳をわかりやすいというが学部三～四年、大学院生になると日本手話通訳にシフトする傾向にあるという印象をもつという。

そのような変化は、後期手話学習者であるろう学生にも生じうる。私はろう学校（聴覚特別支援学校）の経験は全くなく、大学入学後に手話を学んだ後期手話学習者である。手話を学び始めた当初は、手話単語一つひとつを頭の中で日本語に置き換えて、日本語の文章として読みとっていく理解方法であった。残存聴力の活用と手話を併用していたこともあって、日本語対応手話の要素が強い手話通訳の方が理解しやすいといえた。日本手話母語話者のろう者にとって、日本語対応手話はわかりにくい（木村・市田 一九九五）とされるが、「そういうものなんだなあ」という理解しかなかった。私自身が、「日本語対応手話って、もしかしてわかりにくいのかも」と気づき始めたのは、連体修飾や入れ子構造になっているような複文、冗長的でポイントがつかみにくい話しことばの文章、複雑な因果関係を読み取らなければいけないような内容の通訳を多く受けるようになったときである。

複雑な構造をもつ文章では、日本語の〝てにをは〟にあたる部分が手話の文法として表出されない日本語対応手話通訳の場合、自分が予めその話題に関してもっている知識と文脈による判断で補いながら読み取っていくしかない。複雑で高度な専門的内容の議論になると、こうした事前知識や文脈情報だけでは対応できないのである。

それでは日本手話の手話通訳を介すのと、ろうの講師がダイレクトに手話で授業をするのではどう異なるのか考えてみたい。一つ目に、聴覚を経由しない情報処理や聴覚的経験に基づかない思考方略は手話表現や談話内容にどのような形で現れるのか、二つ目に、通訳を介すやりとりの制約について述べる。

6　認知処理様式と手話

近年、教育現場では、児童・生徒の認知特性に応じた指導方法を行うことの重要性が指摘されている。人間は五感を使って自分の身の回りにある「情報」を得ることができるが、この聴力を損失し、手話という視空間的言語を使用するろう児・者が聴者とは異なる認知処理様式を持つ可能性は高い。

前田裕子・中川辰雄（二〇〇七）は、K-ABC心理・教育アセスメントバッテリー（Kaufman Assessment Battery for Children）に改良を加えて聴覚障がい児の認知処理様式を探っている。K-ABCは子どもの知的能力を認知処理過程と知識・技能の習得度の両面から評価するものである。

前田らは、このうち認知処理過程尺度をろう学校小学部に所属する二～六年生二九名に実施した。このうち七名は両親がろうであった。

認知処理過程尺度は、継次処理（系列的に呈示される情報を記憶し判断する機能）と同時処理（同時的に呈示されたいくつかの情報を統合して判断する機能）の尺度から成り立っている。その結果、ろう児のうち一四名は同時処理型、残り一五名は個人内差の認められないバランス型であり、継次処理型はいなかった。統制群の聴児九名のうち六名は継次処理型であり、ろう児と聴児の結果が対照的であることがわかる。また、両親共にろうのろう児は七名中五名がバランス型であった。同時処理では、視覚及び運動的手がかりや、空間的な手がかりを多く必要とするが、手話の使用が同時処理優位に作用するのではないと考えられる。確かに手話は視覚‐空間言語ではあるが、同時に時系列的にも表されている。すなわち、手話能力が向上することによって、継次的に物事を処理する能力が強化され、同時処理・継次処理のバランス型となったのではないかと考察されている。

これらのことを具体的な例を挙げて考えてみたい。次の文は、通訳作業過程に関する説明文である。

「例えば発話がA、B、C……などの連続するセグメントで成り立っているとすると、産出努力がセグメントAに集中するあいだ、セグメントBは分析を終えて再構成するまで短期

図 6-4　通訳作業過程に関する図的イメージ

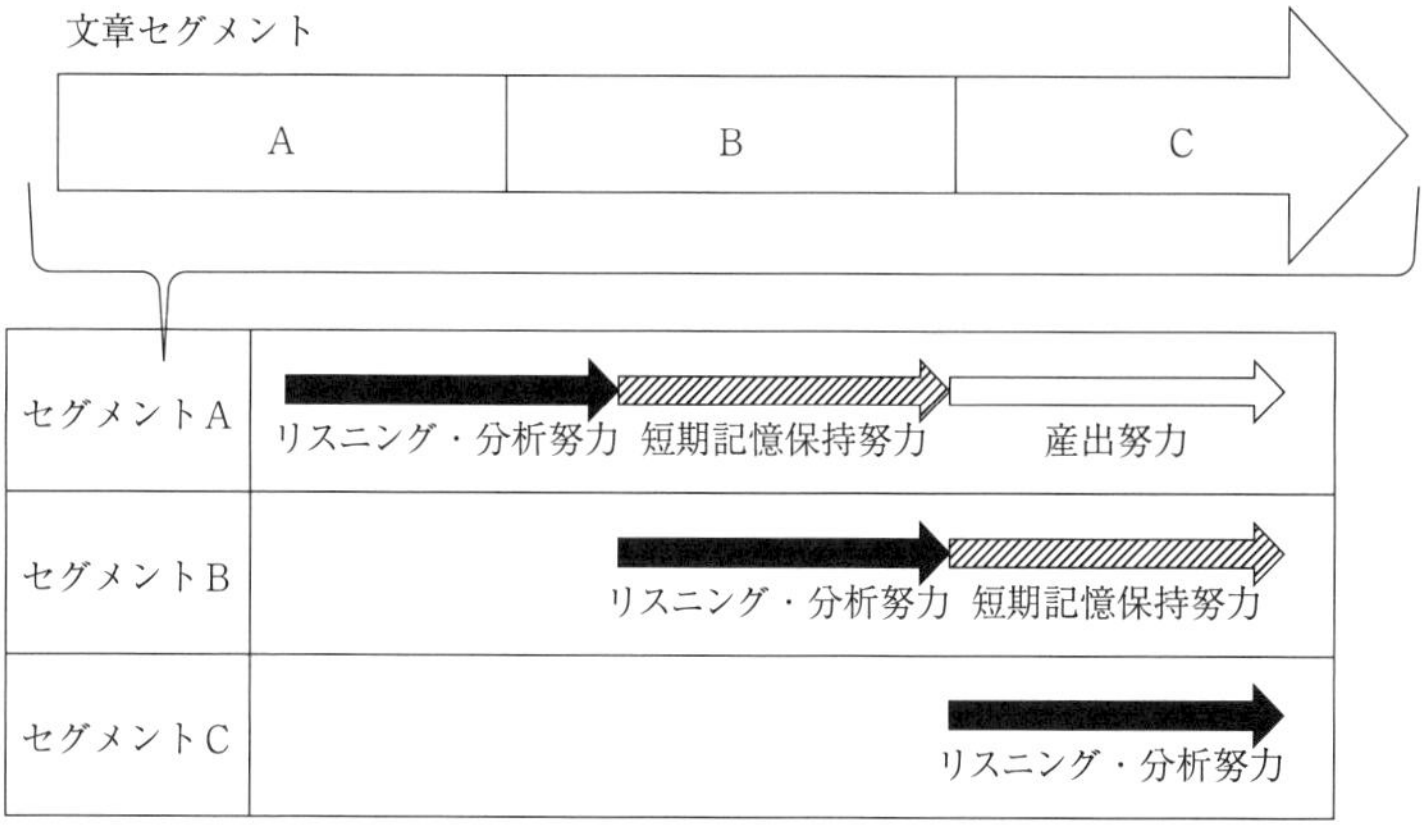

出所：ジル（2012）を基に筆者作成。

記憶に保持され、セグメントCはリスニング・分析努力によって分析される。」（ジル 二〇一二：二一二）

私も含め、ろう者のほとんどは、このような文章を見聞きして、「リスニング・分析努力」「短期記憶保持」「産出努力」の三つの作業内容が連続するA、B、Cの各セグメントでどのように行われているのか、即座に理解するのが苦手だと思われる。また手話通訳をつけたとしても、このような学術的な内容の通訳に慣れていない手話通訳者が音声日本語的要素の強い中間型手話で表した場合は、この文章の通りに手話の単語をつける表出となり、その理解は継次処理に頼らなければならない。このため手話を使ったとしても、ろう者には理解しにくいものとなってしまう。ろうの講師ならば、この内容をたとえば図6-4のように図的に整理してイメージを作り、それを手話空間上に再現させる形の手話表現で説明するであろう。すなわち、視覚-空間的手がかりという同時処理に適した情報の示し方を加えることで理解しやすくなるのである。

一般に、ろう者であっても、音声言語は継時的情報の記憶に有利であり（Printner & Patterson 1917）、手話は視空間的情報の記憶に有利である（Bravelier et al. 2008）。ネイティブの手話ユーザーであるろう者は、作業記憶（working memory）において手話ベースの符号化と音声ベースの符号化の両方を用いている（Krakow & Hanson 1985）。ろう者はいくつかの視空間認知領域において聞こえる人よりも優れているが、それらは手指言語を使った経験によって培われたものであると考えられている。手話の視空間性を活かして、図的に情報を整理して示すことは、ろう者にとって、日本語の文章そのままの手話通訳よりも理解しやすいものとなる。

7　経験の共有による理解促進

大学院生の頃、ろう学校で子どもたちの手話表出に関する実験データをとっていた時、難しい内容の話でも子ども同士で教え合うと理解されやすいことを何度も経験した。担任の先生方は「ウチの子どもたちは、実験のやり方を理解するのも難しいのでは」と心配されていた。私も子どもにわかるようにと言い方を工夫してみるのだが、なかなか通じない。ところが、先に実験を済ませた子どもが「こうやって……こうするんだよ」と、手話、身ぶり、口話を交えながら説明すると、一発で通じ、「あ、わかった！」と表情が明るくなるのである。伝えるべき内容は全く同じであるにもかかわらず、これほどの差があったことから、知っていることばやその背景となる経験を共有することの大きさを感じさせられた。

私は授業の中で、言語発達の段階について話をするときに、必ず手話言語の具体例を交えるようにしている。それは、手話のことなら関心をもてるから、といった単純な理由ではない。ろう者の私たちは、聞こえる幼児と母親の自然な音声言語のやりとりを耳にすることもなければ、目に見える形で幼児の音声発話の変遷をみることもない。たとえば、幼児期に「テレビ」を「テービ」、「きしゃ」を「きちゃ」、「カイモノ」を「カイノノ」、「チョコレート」を「チョレコート」と言うといった不正構音がみられることがあり、これを幼児音（childish speech sound）という。幼児音は構音器官の形態的・機能的未成熟や音声認識能力の未発達からくると考えられている。これらについて、私たちろう者は知識としてそういうものなのだと覚えるしかない。

しかし、手話の場合も、構音器官である手指も運動的発達の制約を受け、幼児の手話表出には同じく不正構音がみられる。「トイレ」の手型は本来、親指と人差し指で「C」を表し、中指、薬指、小指で「W」を表すのだが、幼児では指文字の〝さ〟や〝お〟の形になってしまうことがある。手型だけでなく、手の動きが脱落したり、手の位置が正しくないこともある。このような手話の例を話すと、ろうの受講生たちは「なるほど」と納得し、自発的に、どんな手型や運動や位置が脱落したり、より簡単なものへ変わりやすいだろうかと考える。幼児音とは何か、それはどういう背景のもと生じるのかについて理解するときに、自ら聞くことのできない音声言語の例だけを説明されるよりも手話言語の例を思い浮かべながら考える方が、より深い理解となって記憶に残るかは言うまでもないであろう。

8　直接対話による効果

「ことばとこころ」の講義では、受講生から質問や意見が多く出され、時には休み時間まで受講生の間でディスカッションが続くことさえある。私は、どの大学でも担当する講義をすべて手話で行っている。手話が理解できないきこえる学生向けには読みとり通訳がついている。手話通訳を介して講義を受けるという経験が珍しいということもあるのか、居眠りもせずに熱心に聞いてくれる学生が多い。ろう学生が受講することもある。しかしながら、手話が共通語として使用される「ことばとこころ」の講義のような生き生きしたやりとりが醸し出されることはあまりないように思う。

市川（一九九四）は、言語を介した対話において、話題や思考状態の情報を共有・利用する際、意味を担う単位をまとめる情報（形態素・語・句・文・話題等）、文の種類や意味を明確にするための文構造情報、思考や感情の状態の表出情報（言い直し・言いよどみ・強調等）、対話制御情報（発話権制御・あいづち等）等の情報が必要不可欠であると述べている。通訳を介すると、堅苦しくなって話がはずみにくい等といわれるが、確かに通訳者がこれらの情報を出していたとしても、それは話者本人の意図したものと必ずしも同じとはいえない。ここに通訳を介したやりとりでは、熱の入ったディスカッションに発展しにくい要因があるのではないだろうか。手話や文字といった伝達手段に関係なく、通訳を介したコミュニケーションでは発言が消極的になってしまうのである。聞き手として、うなずきやあいづちなどのフィードバックを行うことも必要である。そのためには即時性が求められる。自然なフィードバックがあってこそ、熱のこもったディスカッションになりうるのである。

9　ダイバーシティー促進としての手話による授業

最後に、高等教育機関の授業を手話で行うことによって、障がいの有無に関係なく、どのような学問的、社会的効果がもたらされるのか考えてみたい。それには多様性を意味するダイバーシティー（diversity）がキーワードになるであろう。

文化とは、社会の成員としての人間（man）によって獲得された知識、信条、芸術、法、道徳、慣習や、他のいろいろな能力や習性（habits）を含む複雑な総体である（Tylor 1871）。ある地域集団やその文化の形成過程には、文化のみならずその集団の系統性や集団をとりまく気候環境など多くの因子が関係しているとされる。ろう文化は、聴覚的情報に依拠しないこと、手話言語という視覚-空間言語を用いることにより、その文化的特性を形成してきたといえる。

近年、組織として大きな成果を上げるために、ダイバーシティーを推進する取り組みが広がりつつある。性別や国籍の違いなどが取り上げられ、女性や外国人雇用への取り組み等、ダイバーシティーに関わるマネジメントは企業の組織運営の話だと思われることが多いが、大学という学問・研究の場こそ、ダイバーシティーの推進が重要であることは論を俟たないであろう。大学という高等教育機関で多様な人材が集まり、それぞれの能力を発揮することは、学びと研究にイノベーションをもたらす。

これまで述べてきたように、聴覚的情報に依拠しないこと、手話という異なる言語を使用して、ものごとを捉え、思考するということは、そこから聴者とは全く異なる視点や論点、研究が創造される可能性を意味する。思考が使用する言語に影響を受けるという仮説に基づくならば、手話で学び、考え、発信する機会を大学教育に設けることが、ダイバーシティー推進による大学の未来に貢献することは間違いないであろう。

注

（1）「平成26年度（２０１４年度）大学、短期大学及び高等専門学校における障害のある学生の修学支援に関する実態調査結果報告書」による。
（2）「ノートテイク」の定義が日本と欧米では異なっている。欧米では、手話通訳を受けるろう学生に代わってノートをとることを意味し、この作業は学生が担うことが多い。
（3）例として「今日、困ったことがあったんだけどね……」と話した本人がどの程度困っているのかは、この文章からは判断できない。

参考文献

石野麻衣子・吉川あゆみ・松崎丈・白澤麻弓・中島亜紀子・蓮池通子・中野聡子・岡田孝和・太田晴康（二〇一一）「学術的内容の高度専門化に伴うろう者の手話通訳に対するニーズの変化」『日本特殊教育学会第49回大会論文集』三六三頁。

市川熹（一九九四）「手話の大局的特徴」『第10回ヒューマンインタフェース・シンポジウム論文集』二九-三四頁。

河合紀宗・藤井明日香・西塔愛（二〇一三）「高等教育機関に進学した聴覚障害者に対する支援の現状と課題」『特別支援教育実践センター研究紀要』第一一号、九一-一〇〇頁。

木村晴美・市田泰弘（一九九五）「ろう文化宣言～言語的少数者としてのろう者」『現代思想』二三(三)、青土社、三五四-六二頁。

小林洋子・白澤麻弓（二〇一三）「米国の高等教育機関における手話通訳養成動向」『筑波技術大学テクノレポー

ト』二二(二)、九七-一〇二頁。

坂本徳仁（二〇一一）「聴覚障害者の進学と就労――現状と課題」『生存学研究センター報告書』一六、一四-三〇頁。

ジル、ダニエル／田辺希久子・中村昌弘・松縄順子訳（二〇一二）『通訳翻訳訓練――基本的概念とモデル』みすず書房。

高野陽太郎（一九九五）「言語と思考」大津由紀雄編『言語』(認知心理学　三）東京大学出版会、二四五-二五九頁。

独立行政法人日本学生支援機構（二〇一五）『平成26年度（2014年度）大学、短期大学及び高等専門学校における障害のある学生の修学支援に関する実態調査結果報告書』。

中野聡子（二〇一五）「広島県の学術手話通訳養成に関する実践的研究〈報告〉」『広島大学アクセシビリティセンター研究報告書――教育アクセシビリティ研究』一、三-一二頁。

仲真紀子（二〇〇八）「言語コミュニケーション」西川泰夫・阿部純一・仲真紀子編著『認知科学の展開』放送大学教材。

原大介・黒坂美智代（二〇一一）、「日本における中間型手話はハイブリッド手話なのか」『電子情報通信学会技術研究報告』一一〇(四一八)、WIT、福祉情報工学、三一-三五頁。

前田祐子・中川辰雄（二〇〇七）「聴覚障害児の認知処理――改良を加えたK-ABCの実施を通して」『横浜国立大学教育人間科学部紀要Ⅰ　教育科学』九、一〇七-一一八頁。

マーシャーク、マーク・スペンサー、パトリシア・エリザベス編／四日市章・鄭仁豪・澤隆史監訳（二〇一四）『オックスフォード・ハンドブック　デフスタディーズ――ろう者の研究・言語・教育』明石書店。

文部科学省「学校基本調査」(平成七~平成二六年度)。

吉川あゆみ・石野麻衣子・松﨑丈・白澤麻弓・中野聡子・岡田孝和・太田晴康（二〇一一）「高等教育における手

話通訳の活用に関する研究——学術的内容の高度化に対応するための手話通訳の技術的ニーズに着目して」『日本社会福祉学会第59回秋季大会』。

Bravelier, D., Newport, E. L., Hall, M. L., Supalla & T. Boutla (2008) "Ordered short-term memory differs in signers and speakers: Implications for models of short-term memory," *Cognition* 107(2), pp. 433-459°

Krakow, R. A. & V. L. Hanson (1985) "Deaf signers and serial recall in the visual modality: Memory for signs, fingerspelling, and print" *Memory and cognition* 13, pp. 265-272.

Murphy, H. & L. Fleischer (1976) "The effects of Ameslan VS Signlish upon test scores" Murphy, H. (ed.) *Selected Readings in the Integration of Deaf Students at CSUN*, California State University, pp. 27-28.

Tylor, E. B. (1871) *Primitive Culture*, John Murray & Co. 2 vols.

Printner, R., & D. Patterson (1917) "A Comparison deaf and hearing children in visual memory for digits" *Journal of Experimental Psychology* 2, pp. 76-88.

第7章　経済学と手話言語学をろう者の母語で語ること

森　壮也

1　ろう者のための高等教育のあり方

二〇〇四（平成一六）年に日本社会事業大学の斉藤くるみ教授の講義に呼ばれ、『ろう文化案内』の訳者の一人として、本の内容を紹介する機会を得た。これは、ろう者の世界を聴者の学生さんに向けて紹介するという試みであった。その後、同大では二〇〇八（平成二〇）年の「ネイティブ・サイナーと旅する知的バリアフリーの世界」がスタートし、さらに銘々塾の「日本手話によるろう者の大学事始め」という一般にも公開された大学教養講座が開かれ、ろう者にも大学レベルの内容を手話で直接学ぶことのできる場が設けられた。そして二〇一〇（平成二二）年には、ついに本格的に大学の一般教養課程の講義が用意され、私は社会科学系の授業と人文科学系の授業で、それぞれ、「障害と開発」、「手話言語学」を開講する機会を得た。前者の授業は、大学院生レベルの問題をも扱うことがあったため、その後、「ミクロ経済学」という大学教養課程に即した内容に変わったが、いずれにせよ、日本で初めて、すべての大学教養課程の講義が日本手話で直接受けられるようになったのである。

実は、日本には、ろう者のための専門大学と名打った筑波技術大学という工科系の大学がすでにあり、これはアメリカにあるろう者のための大学をモデルとして作られたものである。アメリカの、規模が大きいろう者のための大学は、工科系の大学とリベラルアーツ系の大学と二校ある。前者が、NY州ロチェスター市にあるNTID／RIT（ロチェスターろう工科大学／ロチェスター工科大学）、後者がワシントンDCにあるギャローデット大学である。筑波技術大学は、当初、筑波技術短期大学という、ろう学生と盲学生、それぞれのための学科をもつ三年制の工科系の大学としてスタートした。当初は、日本の筑波技術大学は、アメリカにあるろう大学のうち、NTID／RITの方をよりモデルとしていたことが伺える。工科系の技術やスキルをマスターすることで、手に職をつけることが開講当時の社会状況では優先されたのであろう。一般教養は、筑波大学附属聾学校の当時の教員を中心に語学や体育などの教師が集められたが、一般教養科目に力を入れてカリキュラムが編成されたとは残念ながら言えない状況にあった。大学全体として工科系の指導ができる教員のリクルートに力が注がれたことも当時の資料などから伺える。

結果として、同大の専門科目教員のほとんどは手話ができず、ほとんどの授業は、ノートテイクや手話通訳等は用意されるものの、手話で直接、学べる状況にはならなかった。教員の一部には赴任後の自主努力によって手話をマスターした人もいたが、日常的に手話を使用するろう者ではなく、聴者教員が圧倒的多数を占めたままで、教授会等も音声言語で進行されているというのが同大の現実である。一方、世間一般では、大学における障害学生の状況への関心と改善努力の必要性の声が高まりつつあり、筑波技術大学もモデルを提供するなど努めたこともあって、障害学生支援センターをもつ大学が増えてきている。逆にいうと、筑波技術大学は、これまではろう学生が一般大学になかなか進学できない状況だったため、その優位性を発揮していた。しかし、一般大学におけるろう学生を含む障害学生支援が進めば進むほど、ノートテイクや手話通訳といったサービスは、一般大学にもある状況になり、学生の選択基準は、大学の情報保障支援枠組みというよりは授業の中身、コンテンツに移っていく。あるいは、もう一つ残されたアドバンテージとして、同じろうの友人がその大学に在学しているかということがクローズアップされるようになっていく。

こうした状況の中で、私たちが考えるべき日本の大学教育のあり方として、二つの課題が浮かび上がる。一つは、現在のろう学生、あるいは潜在的なろう学生のアカデミックなニーズは何なのか、またどのような方法がふさわしいのかという問題である。もう一つは、大学におけるリベラルアーツ教育とろう者との関係である。前述した「手に職を」という状況は、これまでろう者の歴史の中で過剰といえるくらいに強調されてきた。そうした中では、たとえば、ディベートができる能力や議論を組み立てる力、理論的に考えることなどは、なおざりにされてきた傾向がある。自分の意見を様々な考え方や学問で批判的に検証しながら、自信をもって論理的に伝えられる力は、大学で身に付けるべき大事な力の一つであろう。

しかし、そうした力は、ろう者の教育の中で十分に教えられてきただろうか。実は、この身に付けるべき力の問題は、ろう者全般についていえる問題であり、リベラルアーツ教育の大切さを日本社会事業大学における二つの授業を通じて、ここで再考する意味がある。石川（二〇一〇）は、立教大学におけるリベラルアーツ教育について論じたものの中で「全カリの基礎にあるリベラルアーツ教育とは、……（中略）……学生に専門的知識や技術を教えるだけでなく、自由人としての主体的、かつ統合的な人格の形成をはかろうとするものである。」（全カリの記録編集委員会 二〇〇一：二四）として、「リベラルアーツ」は、「知的・精神的な自由を背景にして、真理・知の自己目的的な探求およびそれにもとづく自己形成・完成をおこなう知的活動の総体」であるとしている。本章での「リベラルアーツ」もほぼ、このような意味で用いている。

本章では、そうした問題意識から、まず、社会科学や人文科学の中では、比較的テキスト化、あるいは、標準化が進んでいる学術領域にある経済学と手話言語学について、一般教養科目としての意味を考察してみる。次に、そうした一般教養が、ろう者からこれまでどれほど遠い場所にあったかについて論じる。またさらに、実際の授業の運営を通じて、ろう者が何を学び、何に気付いていくのかという事例を挙げて、ろう者にとっての一般教養科目の意義を確認する。最後に残された課題を論じつつ、本章の議論をまとめていくことにする。

2　教養科目としての経済学と手話言語学

(1) 経済学

経済学は「社会科学の女王」と呼ばれることがある[1]。経済学の母と呼ばれるアダム・スミスは倫理学の思索からスタートして、いわゆる『諸国民の富』を著すに至った。ここから始まった政治経済学がその後、アメリカでプラグマティズムの洗礼を受けた結果、生まれたのがポール・サミュエルソンの新古典派経済学であるとされている。ヨーロッパでも本国イギリスの他、オーストリアやドイツ等で限界革命として知られる方法論上の発展や保護主義貿易の理論的基盤の整理など様々な発展を遂げた。こうした経済学の隆盛に対して、与えられた賛辞の一つが「社会科学の女王」という呼称だということもできよう。そうした経済学は、今日、他の社会科学の諸学と並んで大学教養課程で必ず教えられている科目となっている。

ところで日本学術会議・大学教育の分野別質保証委員会が、「大学教育の分野別質保証」のための「専門分野（経済学）の参照基準」を大学基準協会（二〇〇四）としてまとめている。これについては、経済学内の準分野や学派による批判も出ており、内容的には決してそのまま踏襲すべきものとは思われないが、いわゆるリベラルアーツの中での経済学の位置づけを日本の大学教育の中ではどのように考えているのかを知るよすがとなるだろう。同報告書には、経済学教育の意義として、「経済学教育は、専門分野としての経済学を教えることにより、それを修得した学生が専門的、総合的視野から内外の社会、市民生活、企業での諸問題を理解し、分析し、解決する力量を身につけることを目指す」（大学基準協会 二〇〇四：一）と書かれている。

また経済学教育の目的として、「経済学教育の目標は、第一に、広範多岐の経済活動を分析し、対処する方法を与え、職業人あるいは社会人の教養の一部を形成すること、第二に、職業上必要な、現実の経済現象について特定の問題を設定し、分析、対処する能力を獲得させること、第三に、研究者、政策担当者、企業内外の経済専門家を育成することにある」（大学基準協会 二〇〇四：二）と書かれている。さらに「経済学教育は、総合的視野を習得させるために、社会科学や数学を含めた自然科学、技術革新と関連した工学、生命科学、人文教養科目などを経済学関連科目と組み合わせて教育することが必要である。」（同前掲書）と書かれている。言ってみれば、社会を広く、深く理解していくために必要な学として位置づけられているということである。

そうした経済学の中でも、ミクロ経済学と呼ばれる領域は、最も精緻化を極めた領域である。

ミクロ経済学の基本的なタームやツールをマスターすることは、それ以外の経済学の領域でも基本であると理解されているため、日本社会事業大学における半期という短い期間の講義では、経済学のエッセンスをミクロ経済学の基礎を学ぶ形で講義している。

(2) 手話言語学

一方、もう一つの担当科目である手話言語学は言語学の中の一分野である。日本手話はただ音声日本語の語彙を目で見てわかるように置き換えただけのものではなく、独自の文法をもつということは近年、少しずつ理解されるようになってきている。しかし、実際にどのように独自なのかということについては、きちんと説明できる言語学者も少ないし、またろう者自身の多くも説明できるだけの力を持っていない。そもそも「手話が言語である」という時の、「手話」とは何か、「言語である」とは何かについてのきちんとした考察も少ない。手を動かすことが「手話」であるという言い方や、目で見ることばであれば「手話」であるという言い方をはじめ、百花繚乱といってもよいくらいである。「言語である」という言述に至っては、手話に限らず、ありとあらゆる言語と呼ばれるものに共通していることは何なのかという命題にも関わってくるだけあって、さらにもましてその意味を捉えるのは難しい。

一方、幸いにも私たちは「言語学」という学問があることを知っている。よく知られているように言語学は、これまでいくつかの大きな変遷を遂げてきた。ヨーロッパにおける祖語を探ろうとする試みや言語系統樹を作ろうという、一九世紀のグリム兄弟の活躍があった時代の言語学は、基本的に書記言語をベースとした言語学、つまり文献学であった。その後、二〇世紀に入って、近代言語学の父と呼ばれるF・ソシュールが現れ、言語の本質を文字ではなく、実際に話されることば、「パロール」に見出し、言語学を文字や文献の研究ではなく、より抽象的な言語そのものへの研究の学として確立した。しかし、ソシュール以後の言語学は、文献ではなく音声を言語の本質的なものと考えたことについては進展があったが、これは同時に音声ではない言語、すなわち手話にとっては不幸な結果をもたらした。手話が言語でないという誤った理解がこうした音声偏重主義からもたらされたためである。ソシュールが創り出した流れは、さらにN・チョムスキーによって第二次世界大戦後に示された、すべての人間の（自然言語）には普遍的なものがあるとする生成文法の考え方につながってくる。チョムスキーの考える言語では、もはや音声というのは媒体にすぎず、言語はより抽象的な計算規則として捉えられた。また同時にチョムスキーのところで学んだ言語学者たちの中から、新たな言語、手話の研究を始める者たちが続出したのである。彼らの最初の拠点は、カリフォルニアにつくられたソーク研究所であった。元々生物医学系の研究所であったが、人間の言語の生物医学的基盤の研究が手話の研究につながり、そこにS・フィッシャーをはじめとする現在のアメリカ手話言語学界の第一世代の人たちが集ったのである。その後、言語学では、G・レイコフらの認知言語学が同じカリフォルニアのバークレーを中心に登場するが、手話の認知言語学的研究も行われるに至っている。すなわち、手話は特殊な媒体でもなんでもなく、人間の言語を発出させる時のモードの一つであるということが研究者たちの間で共通して理解されるようになってきたのである。

アメリカのみでなく、こうした流れは世界的に広がり、今や、海外で出される多くの言語学一般についてのテキストや入門書、概説書では、必ず手話について触れられるのが当然となってきている。(2)こうした流れで特徴的なのは、手話が言語であるということを述べる際には、何も特別な言語学が必要なのではなく、音声でも手話でも共通して見られる言語としての特性が論じられているということである。手話を使用するろう者は、言語的な隔絶に現在も多くの場所で直面しており、それは多くの教育機関でも変わらない。そうした音声言語主体で提供される諸情報からの隔絶の結果、絶望したろう者の中には、音声言語をメインに使用する聴者の学問に失望し、ろう者はろう者だけの学問を築いていけばよいというような考え方に傾く人たちも出てきている。このような人たちは、手話についても手話だけの言語学を築こうとしている。彼らは、時に全国的な手話通訳資格の試験のためのテキストにおいて「核型分節」という新語を造り出し、これを手話通訳試験受験者に学習させようとしている。テキストやその説明（高田 二〇一二：一一三―一一四）を見る限り、これは言語学で言うところの派生を取り扱ったものであって、音声言語の派生とことさら区別する必然性は全く存在しない。それにもかかわらず、手話独自の文法といった方向にのみ流れようとする誤った考え方が今なお存在する。

今日も「手話はろう者のものである」という言説が「日本語は日本人のものである」という言説とは、かなり異なった形で存在しており、その中で、手話については、ろう者が語れば、どのような説明でもすべからく正しいというような誤った理解も世間には存在する。そうした一種のエスノセントリズムに流されることなく、きちんと言語としての手話を理解するためには、私たちはどのようなことを知らなければならないのか、それが、まさに一般教養としての手話言語学の講義に、期待されているのではなかろうか。日本社会事業大学のこの手話言語学の講義では、手話とは何か、言語とは何かという問題意識を踏まえた上で、これまでの世界的な手話の言語学的な研究の流れを追いながら講義を行ってきている。

3　一般教養から遠ざけられてきたろう者

(1) ろう受講者の声①——経済学の授業から

以下は、日本手話によるミクロ経済学の講義を受講したろう者受講生の声である。

「『機会費用』という用語の定義はわかるものの、現実にそれを用いて問題を解くのがまだまだ難しいなと思いました。」（Y・O　二〇一三年度四・二七、経済学）

「私は経済学をあまり理解できていないし、理解する能力（数学など）も足りないことを改めて実感した。今までは新書を読んで満足しているくらいだったことに改めて気づかされた。しっかり自覚及び反省して勉強していきたいと思う。文学部にいると、なかなか実感できないので、この講座をとって良かったと感じます。」（Y・O　二〇一三年度五・一一、経済学）

「かなり難しいが離れてみると社会はつながりがあって回っているんだと実感させられる。」（K・O　二〇一三年度五・一〇、経済学）

「手話なので分かり易い。（理解は別として）スムーズに飲み込める。」（K・O　二〇一三年度四・五、経済学）

「違った世界観を勉強できた。」（K・O　二〇一三年度四・一二、経済学）

経済学は難しいというイメージが先行しているのか、受講生は毎年、必ずしも多くはない。しかし、そうした受講生から寄せられた声を改めて見てみると、社会を経済学の見方で改めて見直すという新しい世界観に彼らが接する機会を提供できていることがわかる。また逆に、経済学の入門書を読んでなんとなくわかったような気になっていた学生も講義を受けてみて、経済学の世界がどのようなものなのか、その広いパースペクティブに触れる機会がもてた学生もいる。高度に抽象的な経済学の講義を音声日本語やそれをさらに手話通訳したものではなく、手話でダイレクトに学べることで、少なくとも脳に入っていく時によけいなバリアがなかったという評価もある。

残念ながら日本では、一般的に高校までの課程の中で経済学を体系的に学ぶ機会は、ほとんどない。ろう学校でも政治経済が公民の授業の中で教えられているケースはほとんどなく、その他に経済学が教えられる可能性がある商業科でも教えられているのは、主としてコンピュータについての実務的なスキルである。こうした状況下では、経済学はろうの生徒には全く教えられていないと言ってよい状況にあると思われる。少なくともこれまでの受講生の中で過去に経済学の授業を受講したことがあるというのは、社会人としてこの講義を受講した大卒のろう者の例だが、かつて大学生の時に学んだというケースが一例あるのみであった。その場合も学生時代の授業内容はほとんど理解できないままで終わったとのことであった。大学の経済学部を卒業したというろう者でも、そこで学んだ経済学を活かしているケースは、管見の限りほとんどない。

コメントに数学についての言及があるが、数学についてもろう学校卒業生の中には、経済学で使用するような初歩の代数の知識がないケースも見られた。ろう学校では、学習指導要領で期待されている内容から数年遅れている事態が常態化している部分があり、ろう学校高等部を出ていても一次線形方程式も学んだことがないというケースがある。そうした場合には、世間で出回っているような経済学の通常のテキストブックを読むようにといっただけでは理解が難しいことになる。ろう・難聴の生徒で大学に進学したケースでも、必要に応じて、そうした生徒がいることも念頭に置きながら、経済学を理解するための基礎についても解説する必要もあることがわかる。数学を必要としない経済学という意味だけでなく、後に第4節の（2）で詳しく述べるように、手話でもって経済学の概念を伝えていくことで、経済学の概観についての理解を深める努力が必要になる。

（2）ろう受講者の声②――手話言語学の授業から

次に手話言語学の講義の受講生たちの声を見てみよう。こちらは、例年、人気講義となっていて、受講生の延べ人数もかなり多いため、以下挙げるように感想も非常に多い。

「二重分節のお話が一番印象的でした。どのように手話が言語的に〝言語〟として認められていったのかというプロセスが大変興味深かったです。」（A・I　二〇一四年度一二・二〇、手話言語学）

「『言語学』に基づいた見方というのを学べて大変勉強になりました。特にモーダリティとコ

ードの違いは衝撃的でした。来て良かったと思いました。」（A・I　二〇一四年度一二・六、手話言語学）

「手話を分析、分節化に四つのレベルがあるということ、そして、ぼんやりとしかわからなかった音韻について少しずつクリアになってきて、今までの疑問が腑に落ちました。」（A・I　二〇一四年度一二・一三、手話言語学）

「知らないことを学ぶことは面白いです。次の言語学、楽しみにしています。」（K・O　二〇一四年度五・一七、手話言語学）

「手話の（表記法）記述法や記述法の研究の歴史（うつりかわり）が興味深かったです。音韻ひとつにしてもここまで深化しているのか!!　という驚きがありました。」（A・I　二〇一四年度一・一〇、手話言語学）

「統語論で言語には共通の階層があるということ、そしてそれが手話にも見られるというところが本当に感動的でした。この授業をうけてよかったです。もっともっとこうした学説が浸透していけばいいなと思います。ありがとうございました。」（A・I　二〇一四年度一・一七、手話言語学）

「もっと学びたい事がたくさんある。時間足りませんでした。」（E・K　二〇一三年度一・一八、手話言語学）

「たったの五回で手話言語学を知ることはむずかしいので、できれば（続）の形で来年度も同じメンバーでも受講できるように新講座を設けて頂けるよう御願いします。」（K・I　二〇一三年度一・一八、手話言語学）

「言語学について深く学べて良かった。ミニマルペアや記号についてもっと勉強したい。」（C・H　二〇一三年度一二・一四、手話言語学）

「言語とは？　自分の言語について改めて考えることができてよかった。次回からも楽しみにしています。」（C・H　二〇一三年度一二・七、手話言語学）

「手話にも音韻があることとの具体的な例を挙げてくれたのでわかりやすかった。アメリカ手話の文法を発見したストーキーのルールを日本の手話にあてはめて作ってみたが、なるほどと思う面があった。」（K・I　二〇一三年度、一二・二一、手話言語学）

「改めて手話言語って奥深いと思いました。自然に身についたとは言え、やはり細かいことも学んで知れば知るほど楽しくなると思います。」（K・I　二〇一三年度一・一一、手話言語学）

「いろいろなモデルを学びました。日本手話における音韻の変化について興味をもちました。早くその研究成果が出るといいと思いますね。」（S・K　二〇一二年度、一二・二二、手話言語学）

「私が手話学を学びたいと思ったのは、手話は言語であると唱えられているが、どういうところが言語であるかを深く知りたいと思ったからである。学んだことを他の人に説明できる

ようになれば、手話は言語であるという認識も広がると思う。」（R・O　二〇一二年度一二・八、手話言語学）

「世界の手話についての話から言語の成り立ち、意味などがイメージできる取り組みは大変参考になりました。」（S・K　二〇一二年度、一二・八、手話言語学）

「奥の深い言語学なのでやりがいがあります。」（Y・W　二〇一二年一二・八、手話言語学）

「諸外国の手話と日本手話の比較を実際にやってみたいなぁと思いました（言語学的にどこが違うのかを）」（S・K　二〇一二年度一・二六、手話言語学）

「分析に苦心していて、手話通訳者のことを考えると、やはり難しいのだと思った。今後は通訳者に対する改善方法を考えて行きたいと思った。手話は文法が共通している部分があっても、世界共通語ではないという理由が理解が出来て良かった。」（R・O　二〇一二年度一・二六、手話言語学）

手話を通じて言語について深く考える機会をもつことができた学生もいれば、手話についての新たな知見や見方を発見できた学生もいる。講義で学んだことを通じて、自分の次の学びや挑戦課題を見出した学生もいる。特に授業を通じて、いつも何気なく自分の言語として使っている手話について、改めて客観的に見直すメタ知識の力や、なんとはなしに手話は言語と理解していても、それが具体的にどのような意味をもつのか、他の人にも事例をもって説明できるようになる力、こうしたものを得た学生が多い。また日本手話と音声日本語の違いを言語学的に知ることで、手話通訳という作業が異言語間の翻訳作業なのだということを改めて知った学生もいる。

学生の中には理解をさらに進めて、手話の音韻や統語といった授業で出て来た言語学のツールを使って、日本手話以外の手話と日本手話との比較をしてみたいという学生も出て来ている。これは、異なる手話同士の比較により、さらに手話言語そのものについての人智を拡げる営為として大事な作業である。もちろん、学部課程で学んだ知識のみでは不足だが、専門課程への足がかりという大事な基盤提供ができたことを意味している。

いずれも、リベラルアーツが目指している様々な大事な目的に、彼らが接することができたことを示していると言えよう。日常の知をさらに豊かなものにし、深く考え、社会の他の人たちと共有していくための足がかりをこうした授業が提供できている証左である。

(3) 一般教養とろう者

日本におけるろう者の進学率は近年、徐々に上昇してきたとはいえるものの、文部科学省（二〇一二）によれば、障害者の高等教育機関進学者数は、特別支援学校高等部出身者（二〇一一年三月卒業）で全体の二・八%の四八〇人、障害種別で見ると、視覚が二三・一%、聴覚が三九・三%、知的が〇・六％、肢体不自由が一・七％、病弱が六・七％となっている。高等教育機関には、大学のみでなく、特別支援学校高等部専攻科や専修学校や職業能力開発校等の教育訓練機関も含まれているため、実数はさらに少ない。特別支援学校ではない地域校にインテグレートした障害のある生徒たちの進学率については、日本学生支援機構（二〇一五）によれば、二〇一四（平成二六）年度で身体障害者手帳あるいは精神障害者保健福祉手帳、および療育手帳を有している障害学生数が一四一二七人（全学生数に対する割合〇・四四％）で、うち聴覚障害学生は一六五四人（一一・七％）であるという。これらの数字からわかるのは、非障害者も含めた一般の数字（二〇一四（平成二六）年の全国大学進学率五三・九％）[3]と比してろう者の大学進学率は依然として低いということである。いわゆるリベラルアーツと呼ばれる課程を学ぶ機会は、ろう者でもまだ非常に少ないことになる。大学以外でリベラルアーツを学ぶ場というのは、非常に少なく、いわゆる公開講演会も福祉系の内容であれば、手話通訳やＰＣ要約筆記が配慮されてアクセシブルではあるが、それ以外のものになると事前に準備をして相当の労力をかけないと、アクセシブルではないことがほとんどである。ろう当事者の団体も様々な教養講座を開催しようとしているが、その多くはやはり福祉系の内容に偏っていることが多く、単発の入門講座が繰り返されているのみで、体系的な知を学ぶことができる場は、残念ながらまだほとんどないに等しい。いわば、ろう者はリベラルアーツの世界から遠ざけられてきた状況にあるといえる。

4　経済学や手話言語学の授業の実践から

(1) ろう者の社会参加の基盤としてのリベラルアーツ

将来の職に備えて何かスキルを身に付けるということではなく、自分の頭で考える、またこれまでなんとはなしに経験してきた世界を改めて自分の力で見直していく力を養う、より多様で広い世界観を養うといったようなリベラルアーツに期待される役割、それはまさに学生と教師が同じ言語を介在させて丁々発止のやりとりをし、時には共に考え、時には共に悩むような授業を通じてしか学べないものだろう。

経済学や手話言語学の講義では、すべての授業でパワーポイントを用意し、講義の前に配付している。最も重要な内容については、授業中にノートを取らなくてもよいようにである。ろう者が授業を受けるときには、聴者のように耳で聞きながら視線をノートの上に同時に落としてノートを取ることはできない。手話通訳を介していてもそれは同じである。ノートテイカーを介在させて、ノートテイカーが取ったノートを復習に使っているというケースも一部の大学ではあるようだが、講義を理解した内容を書き留めるノートと、ノートテイカーが生の授業を文字で伝えるために取ったノートでは、ノートの取り方がおよそ異なってくる上、書き取られたノートに現れているノートテイカーの理解の仕方はろう学生本人の理解の仕方とも異なっている。むしろ、パワーポイントで配付したものに、必要ならポイントや疑問点をたまに書き込んでいくという仕方の方がはるかにろう者には合った方法であると思われる。そうしたこともあって、パワーポイント資料はすべて配付している。

講義そのものをインタラクティブにするために、講義中に学生に多くの質問を投げかけ、その答えで講義の流れを作っていくことはもちろんである。その他にも手話というインタラクティブなコミュニケーションに適した言語を用いた講義の特性を活かすために、ひととおりの説明をした後に、経済学では必ず練習問題を解くようにしており、手話言語学では、必ず学んだ枠組みを使って日本手話の記述に取り組んでいる。問題を解き、記述をしていく過程で学んだことをふり返り、出て来た結果を他の受講生とも議論しながらより良い形にもっていく間には、そこに介在するたくさんのコミュニケーションが必須であり、そこには手話を共通語として授業に取り込んでいればこそ、可能なプロセスが存在する。

こうした過程の中で学生が学んでいくのは、問題を前に自ら考える過程である。言ってみれば、いわゆる職業教育とは異なり、すぐには役に立たなくても社会で活躍できる人材を育てていくための基盤が、リベラルアーツ教育ということもできる。第一節で述べた、ろう教育の実情とリベラルアーツの定義を思い起こすと、学ぶ内容もさることながら、この一連の過程は、ろう者にそれまでなかった大事な時間を提供しているということになろう。

（2）授業の実例①――経済学の授業から

それでは、次に授業の実際の状況から、ろう者が学ぶのにつまずいた事例を一件挙げてみよう。どのようにして、そのつまずきを乗り越えていったのかという事例である。

経済学には、いくつものテクニカル・ターム（専門用語）がある。一般の社会で用いられていることばと同じ用語が別の意味で使われていることもあるし、一般の社会では使われない言い方が用いられているケースもある。「限界」というのが前者の好例であろうし、「機会費用」ということばは後者の良い例だろう。

まず「限界」概念である。これは、英語の“Marginal”の訳語であるが、他の「周縁」のような日本語に直してもわかりにくい。日本の手話で普通に限界を意味する際に使われる両手型が日本の指文字の「て」を非利き手の掌に利き手を指先から垂直に当てて複数接触させるという手話語彙に、この語を置き換えても、ろう者の理解にはつながらない。むしろ、この語が最終的に数学の微分につながることを意識して教える。たとえば「限界効用」であれば、満足の度合い（＝効用、この語も一般には存在しない言い方である）が消費一単位増加によってどれだけ増えるかというのがこの語の意味である。この「一単位の増加」をむしろ、手話では重視して、最終的な抽象的な一単位増加につなげるために、両手型Gを掌を反対側に向けた状態で利き手を非利き手の上にもってくる（一般の／もっと／に準じる）／（小さい、非手指副詞も伴う）もっと／で表していく（図7-1）。もちろん、この手話の前に一単位増加させるのが何であるのかを示し、この手話の後には、それによって増加したものをもってくる。日本語訳に引きずられないように、手話の語順やNMS（非手指要素）も最大限活用しながら、利用していく。自分は音声で話し、手話通訳に依存するだけの聴者講師には、ここまで考えた作業は難しいと思われる。

「機会費用」であれば、次のようになる。「機会」と「費用」とは、一般の社会でもよく見かける言い方であるが、両者が一緒になった言い方は、まず見かけない。元々は、英語の“Opportunity Cost”の訳語であるが、英語もそのまま、「機会費用」という意味の語である。しかしながら、経済学においては、費用（Cost）をこの機会費用の意味で用いる。通常の費用というのは、何かをするのに必要なものということで原材料の価格のような意味で使われているが、経済学ではそうではなく、その投入を行うために断念した他の投入という意味で費用を捉える。この語の場合には、手話を工夫するよりもむしろ、こうした概念の説明を様々な事例をもってきて、繰り返し行うことになる。その上で通常の／機会／＋／使う／という二語からなる複合語を「機会費用」という意

図7-1　手話／限界／

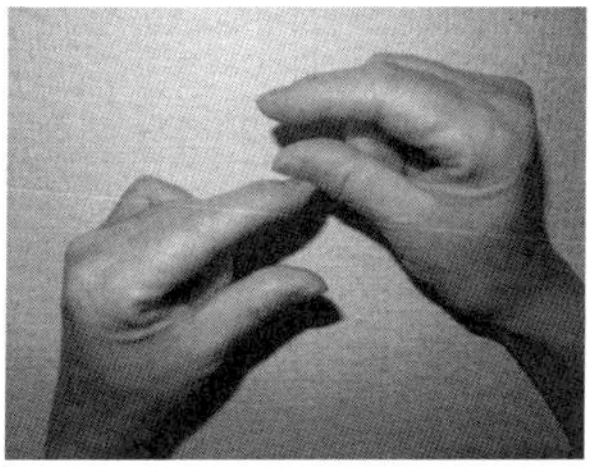

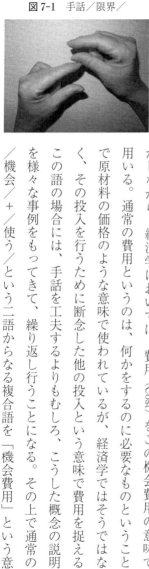

味で用いることを理解させていくことになる。「機会費用」の練習のためにたとえば、以下のような練習問題を何パターンも用意して学生に解かせる形を取る。

練習問題：機会費用の概念を使って次の現象を説明しよう。

A．景気が悪く失業率が高い中、就職せず、大学院に進学する学生が増加する④

この一文を、機会費用という概念を使わないのであれば、どのように説明するだろうか。費用ということばから大学院への入学金や授業料を思い浮かべる人もいるかもしれない。しかし、経済学的思考では、この大学院進学という選択肢をとった学生がどのような判断行動によって、そうした行動を選択したのかが、「機会費用」ということばを使うことでより明確になる。解答例としては「景気が悪く失業率が高いため、就職しないことの『機会費用』は、景気が良い時よりも下がることになる。つまり、大学院進学によって失われる賃金という『機会費用』がより低い。このことが大学院に行くという選択肢を学生にとらせることになる」というものである。授業料ではなく、大学院進学によって失われる賃金を考えさせることがポイントとなる。

また需要曲線と供給曲線というミクロ経済学のコアの一つとなる部分均衡分析に用いる図表は、利き手で需要曲線、非利き手で供給曲線を描き、両手を交差させることで均衡を表すことに使える（図7-2）等、手話のCLを最大限に用いた説明ができることは、パワーポイント等でのグラフの提示と合わせて学生の理解の助けになっていることも事実である。

以上のように経済学の講義においては、多数の事例の提示や経済学的思考のトレーニングが鍵となる。しかし、手話とろう者の日常経験に合った形での言語使用をベースとした授業となれば、やはり講師自身が経済学の知識があり、どのように経済学の概念や考え方を伝えたらよいかをよく理解している人でなければ難しいのは言うまでもない。そこに日本手話と日本語のバイリンガル・サイナーのろう者の講師が経済学を講義することの意義があるといえる。

（3）授業の実例②——手話言語学の授業から

手話言語学の授業では、手話が学生たちの日常の使用言語であるということもあり、受講生も二桁の人数に上ることも多いほか、質問の数も圧倒的に多く、常に活発な授業展開となっている。しかしながら、メタ言語的知識と呼ばれる、客観的な手話についての知識を体系的に学べるところは記述の通り、日本ではまだ非常に数が少ない。[5] このため、様々な機会に彼らが目にした断片的な知識を再統合することや言語一般についての知識との間での橋渡しをすること

図7-2　手話／需要曲線／と／供給曲線／

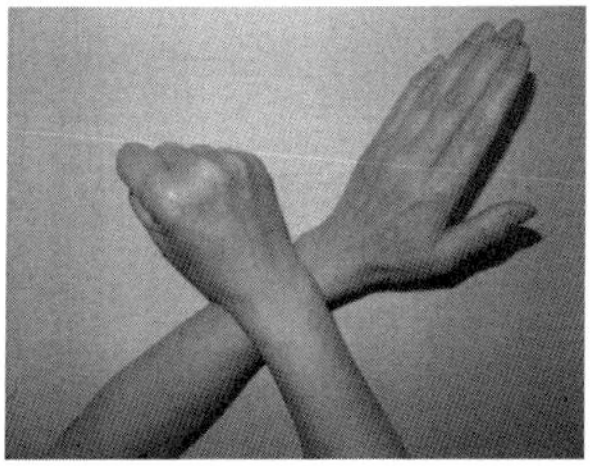

表7-1　モーダリティとコードから見た各言語

	モーダリティ	コード
日本手話	視覚・手指	日本手話
（音声）日本語	聴覚・音声	日本語
手指日本語	視覚・手指	日本語

が同講義のねらいとなっている。

その代表的なものは、モーダリティ（Modality）という用語の理解であろう。手指言語と音声言語を別ものとして捉えがちなのが、このモーダリティについての理解の不足からくる誤解の代表的なものである。しかし、モーダリティという語は、伝統的に世界の手話言語学では、言語の伝達形式の意味で用いられてきており、国語学や一般言語学でいう話し手の心的態度を表す言語表現の意味とは異なる意味で用いられている。すなわち、言語をどのような形式で伝えるかについての概念である。言語が手指言語と音声言語に二分されるという時、それは、このモーダリティが二種類あるということであり、手話言語に対応するモーダリティが手指・視覚モーダリティであり、音声言語に対応するのが、音声・聴覚モーダリティということになる。手指モーダリティの言語をすべて手話と呼んでしまいがちであるが、この講義では、両親ろうの人たちが生まれた時から学んでいる（ネイティブの）手指言語を手話と呼んでおり、手指言語であっても脳内の言語が音声言語と同じ文法によって支配されている言語、たとえば手指日本語のような言語は日本手話と区別している。講義では、これを表7-1のような表を用いて説明している。

日本手話と音声日本語、手指日本語の三つの言語について、モーダリティとコード（文法形式）からみて、それぞれどのような位置づけになっているのか、これで一目瞭然であり、整理された理解ができたと感じる受講生が多い。また従来、言語をみる際には、音声言語のみの言語学が多かったため、コードのみを見ていれば、英語かフランス語かを判断できたが、手話の問題になると、モーダリティに惑わされて、そうしたコードでの言語の判別を行わず、モーダリティで言語を区別しがちとなる誤りにもこれで気づくことができる。また手指言語のみの範囲で言語学について論じる際には、音声言語のみの範囲で言語学を論じる時と同じように、コードについてのみ関心をもつことで、日本手話とアメリカ手話を区別する文法が何なのかを見ていけばよいということもわかる。逆にモーダリティ横断的な分析をする際には、これらの位置づけに注意しながら分析しないといけないことも学生にはよく理解できるようになったようである。

この他、手話の音韻論について論じる際にも、音韻論という語が「音」という語を含むため手話には音《おと》はないのにと短絡的に理解し、手話の場合には音韻論ではない別のものが必要なのではないかという誤解が生じるという問題についても、「音《おと》」と「音《おん》」とが言語学では区別され、「音《おん》」は耳から聞くものではなく、脳の中で言語として理解される最小単位のことであることを説明している。視覚で理解しても、脳内で言語的に処理される際の最小単位についての分析を「音韻論」と呼んでいるのであり、入り口こそ音声言語であってもすでに音韻論自体は、国際的にはもう聴覚や視覚といったモーダリティの問題には拘束されないより抽象的な対象なのだということを理解することが手話の言語学の二番目の入り口ということになる。これは、その後の形態論や統語論といった領域に入っていく際にも重要な観点である。抽象的な目に見えない「言語」という対象を目に見える部分から理解していくための作業である。経済学における社会の仕組みの理解と同様、こうした抽象的な理解はリベラルアーツでは大事な要素である。

5　リベラルアーツを学ぶことの大切さと意義

こうしたリベラルアーツを学ぶことの重要性は、ろう者の社会参加という重要な課題を前にすると、ますます明らかなものとなる。ろう者は、聴者がマジョリティを占める社会で、しばしば「沈黙」ということばで語られる。しかしながら、黙って仕事をし、黙って社会に貢献すれば、ろう者は十全に社会参加できるのだろうか。言われた作業をただ黙ってこなす企業や社会にとって都合のよい歯車になればよいのだろうか。紙に書かれた作業手順をとりあえず理解でき、その通りにやっているだけでよいのだろうか。私が専門とする開発途上国では、たとえばインドのチェンナイの国立銀行支店で働くろう者は、札束を仕分けし、勘定する仕事についている。インドのムンバイのクーリエ・サービスで働くろう者は、書類の宛名に記された住所に、当該書類を自転車などで配達する。フィリピンでは、はみがきメーカーで、梱包をしている。(6) こうした限りなく非熟練労働に近い労働は、いかにも「沈黙」という言葉が似合いそうである。しかし、どの職場においても、ろう者同士では、活発なコミュニケーションが仕事の合間にとびかっている。逆に言うと、彼らは、職場の上司とのインタラクションはしていない。一方通行の指示を受けるのみである。こうした形での社会参加であれば、リベラルアーツの力などは要らないのかもしれない。

しかし、こうした社会参加でよいのだろうか。業務の改善をしたり、違った観点から自分の行っている業務を見直したりする力、そしてそれを上司に提言していく力、それらは無視されていることになる。本来、彼らは沈黙の奴隷ではないはずなのである。

自由人としての契約の上で働く独立した個人として、まっとうな（Decent）仕事をしていくこと、それはＩＬＯ（国際労働機関）に言われるまでもなく、ろう者にも当然備わっている権利のはずである。(7) ろう者が仕事を通じて社会参加していく時、彼らは決して沈黙の人であってはならない。必要なら上司に提言をする必要がある。場合によっては、自ら起業することもあるだろう。経済社会についての理解は、彼らを助けるはずである。自分たちの言語について論理的に説明できる力は、どんな状況にあってもマイノリティである彼らには必須だろう。日本社会事業大学における ろう者講師が担う日本手話による一般教養科目は、大学に現在、在学する学生のみならず、一般社会にも公開されており、廉価な授業料を支払うことで聴講が可能である。いわば、日本の貴重な財産が日本手話によっても形成されているともいえる。この学びの場をさらに発展させること、またより多くのろう者、より多くの日本手話によってアカデミズムの世界に接したいと思う聴者が、同講座に触れていくことを願ってやまない。

注

(1) もちろん、こうした言い方には、経済学の思い上がりがあるのではないかという批判もある。それは物理学を自然科学の女王というのにならった、物理学に代表されるような科学観が社会科学の中では経済学でもっとも反映されていることの別表現にすぎないという側面もある。
(2) 翻訳があるものとして、たとえば、ジャッケンドフ、R.／水光雅則訳（二〇〇四）『心のパターン――言語の認知科学入門』岩波書店など。
(3) 朝日新聞「大学進学率の地域差、20年で2倍　大都市集中で二極化」（二〇一四年一〇月一四日付朝刊）。
(4) クルーグマン、ポール、ロビン・ウェルス／大山道広・石橋孝次・塩澤修平・白井義昌・大東一郎・玉田康成・蓬田守弘訳（二〇〇七）『クルーグマンミクロ経済学』東洋経済新報社、二四頁「問題 4.a.」をよりわかりやすく改変。
(5) ろう学校でも手話は正課にはなっていないため、手話についてろう学校出身者が経験するのは新造語された授業用の手話を調べるという養護・訓練の科目の時のみである。教育特区に設けられた私立の日本でただ一つのろう児のためのバイリンガル・バイカルチュラル教育を行っている明晴学園（東京都品川区）には、手話科が正課として存在しており、そこではろう児たちは自分たちの言語である手話の言語学について学ぶ機会をもっている。こうした特別なケースを除くと、あとは手話の講師のための単発の講演等で学ぶ機会があるのみで、体系的に手話言語学を学べる機会は日本ではほとんどない。

(6) そうしたフィリピンのろう者が置かれている就労状況については、森（二〇一二）を参照のこと。

(7) ILOは、一九九九年以来、すべての人々のためのディーセント・ワークのための提言を続けており、障害者についても『ディーセント・ワークへの障害者の権利』（二〇〇七）を出している（http://www.ilo.org/tokyo/information/publications/WCMS_236901/lang--ja/index.htm から日本語版をダウンロードできる）。

参考文献

石川文也（二〇一〇）「フランス語「フランス語圏の文化」『リベラル・アーツ教育』としての『批判的知』の実践――『広さ』と『深さ』をもつ『メタ文化』教育の試み（授業探訪　言語副専攻（言語B）関連科目）」『大学教育研究フォーラム』一五、立教大学全学共通カリキュラム運営センター、八二-九四頁（https://www.rikkyo.ac.jp/academics/undergraduate/zenkari/_asset/pdf/forum15_10.pdf、二〇一五年二月二〇日アクセス）。

全カリの記録編集委員会（二〇〇一）『立教大学〈全カリ〉のすべて――リベラル・アーツの再構築』東信堂。

大学基準協会（二〇〇四）『経済学教育に関する基準』（財）大学基準協会（http://www.juaa.or.jp/images/publication/pdf/about/01/keizai.pdf）。

高田英一（二〇一二）「手話・言語・コミュニケーション」長瀬修・東俊裕・川島聡編『増補改訂　障害者の権利条約と日本』生活書院、一〇三-一四四頁。

日本学生支援機構（二〇一五）『平成26年度（2014年度）大学、短期大学及び高等専門学校における障害のある学生の修学支援に関する実態調査結果報告書』独立行政法人日本学生支援機構（http://www.jasso.go.jp/gakusei/tokubetsu_shien/chosa_kenkyu/chosa/2014.html、二〇一五年四月六日アクセス）。

文部科学省編（二〇一二）『特別支援教育資料』二〇一二年六月。

森壮也（二〇一二）「フィリピンにおける障害者雇用法制」小林昌之編『アジアの障害者雇用法制――差別禁止と雇用促進』（アジ研選書三一）、アジア経済研究所、一五七－一八六頁。

第8章　自然科学と聾啞誌

末森明夫

1　系譜化

聾者たちの世界で過去に起きたことや現在起きている様々な出来事をどのように捉え、どのような意味を見出していくかという調査研究については、聾史や手話学といった分野がある。しかし、聾史や手話学というような複数の分野にまたがる手話歴史言語学といった学際的な研究は必ずしも十二分に行われてきたとは言えない面が残る。私は分子生物学に携わる研究者ではあるものの、二〇一〇（平成二二）年より独立系研究者として聾史や手話学での調査研究を始めた。日本社会事業大学での講義等を通して自身の研究愛好活動の成果をまとめるとともに、査読付学術誌への投稿を重ねて、聾者たちの世界で起きた様々な出来事を調べるための方法を提案してきた。それは「自然科学の分類学・系統学・進化学といった分野で編み出されてきた手法を応用し、聾史や手話学で系譜化という作業を行う」というものである。

それは決してこむずかしい概念や数式をこねくり回すようなものではなく、「分類とは何か」「系統とは何か」「進化とは何か」という基本的な概念をきちんと理解し、それらに基づいた系譜化作業を丁寧に行うことである。そのような系譜化作業を通して、今までは曖昧であった事象、あるいはそれぞれの事象の関係があまりにも複雑すぎて全体像がよくわからなかったというようなものの全体像がはっきり見えてくるようになることもある。このような系譜化作業として、私が具体的には何を行ってきたのかを紹介するために、本章では「生命科学における手話語彙」「言語系統樹――手話単語と指文字」「語彙史――聾唖と手話」「書誌学――松村精一郎および『万国地誌階梯』」「非文字史料における聾唖表象」「手話歴史言語学」という六件の題目における系譜化作業を紹介することにしたい。

2　生命科学における手話語彙

日本社会事業大学は「日本手話で行う講義（人文科学及び自然科学分野）」を実施しているが、私は「遺伝子とタンパク質」という内容で講義を行ったことがある。この講義では聾学生に生命科学における最新の知見を紹介することが主な目的であったが、生命科学研究を行う聾研究者を育てるきっかけになることができればという思いも多分にあった。生命科学をはじめとする自然科学分野における大学教官や研究者のうち、聾者（手話を第一言語または日常生活における主要言語とする人）である人は世界でもほとんどいない。高等教育機関で自然科学分野を学んでいる聾学生や聴覚障害学生はそれなりにはいるものの、研究者になる聾学生や聴覚障害者はまずいない。

生命科学に関わる聾者あるいは聴覚障害者である研究者がなかなか増えない理由としては色々な要因が考えられる。例えば、聾学生たちが高等教育機関でゼミのような場で行われる「討議」に参加できない、あるいは経験できないことも理由の一つとして挙げられる。ただ、日本手話は生命科学に関する専門用語が少なく、学会や研究会に手話通訳をつけようとしても、専門用語は指文字で表すことが多くなってしまい、表現に要する時間や手話通訳者の労力の面で大きな問題が残る。いろいろな専門用語を日本手話語彙化することにより、生命科学を学んでいる聾学生たちが自分の卒業研究等を日本手話で発表したりすることができるようになれば、彼らも自信をもち、生命科学関連分野で活躍する研究者になろうとする気持ちも固まってくるのではなかろうか。

そこで、生命科学分野でよく用いられている専門用語の手話単語を作り講義で用いてみた。新しい手話単語を作るときには、やみくもに作ることは避け、手話言語学の音韻論及び形態論より得られた知見にかなうようにしながら作ることを心がけた。たとえばタンパク質に関わりのある専門用語としては、アミノ酸（Amino acid）、ペプチド（Peptide）、タンパク質（Protein）、αヘリッ

図 8-1-1　「アミノ酸」「ペプチド」「α構造」「β構造」「タンパク質」の手話語彙の音韻構造の系譜化

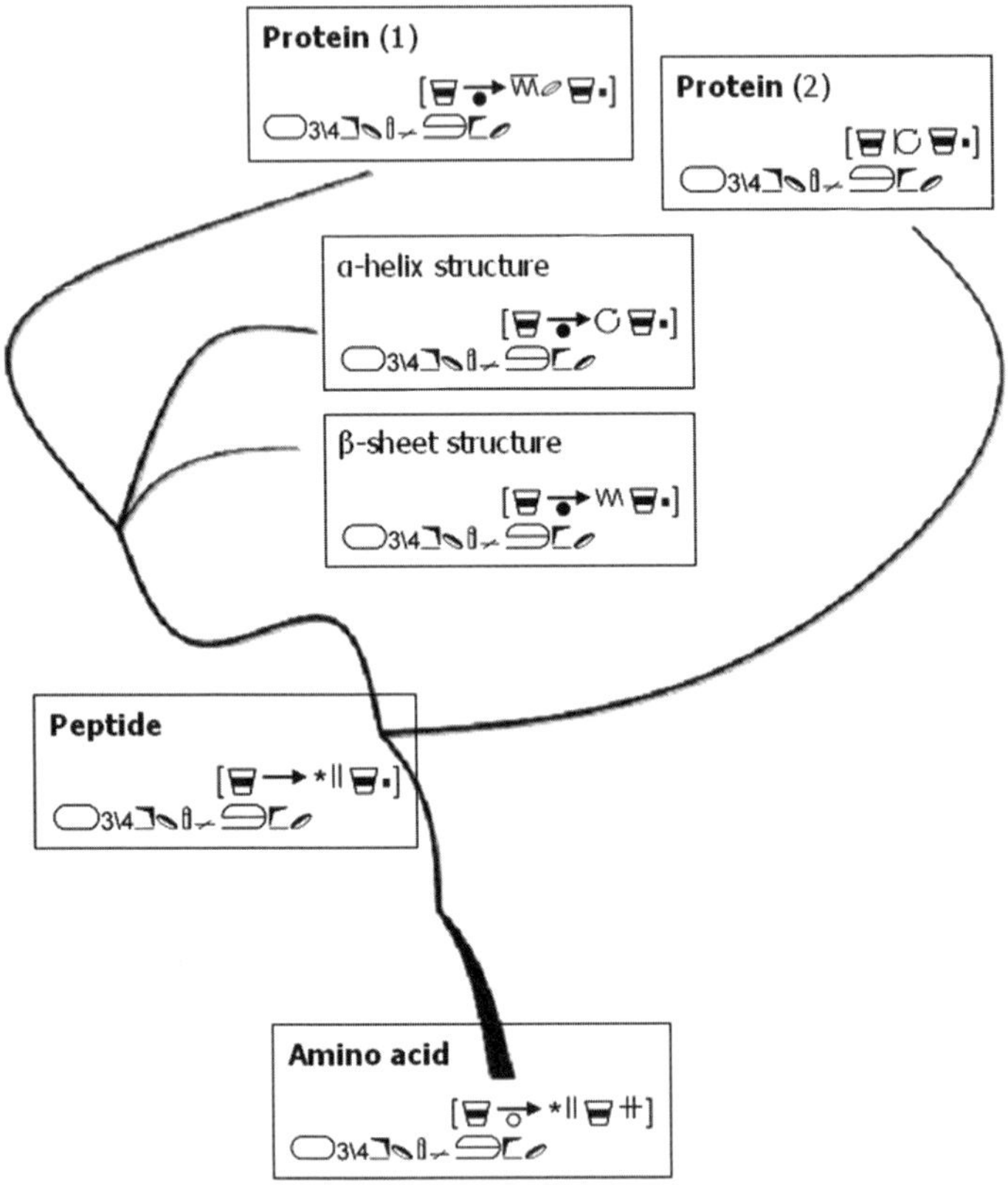

注：各語はハムノーシスで表記。
出所：Suemori（2010：24).

図 8-1-2　「タンパク質」「α構造」「β構造」「ペプチド」「アミノ酸」の手話語彙

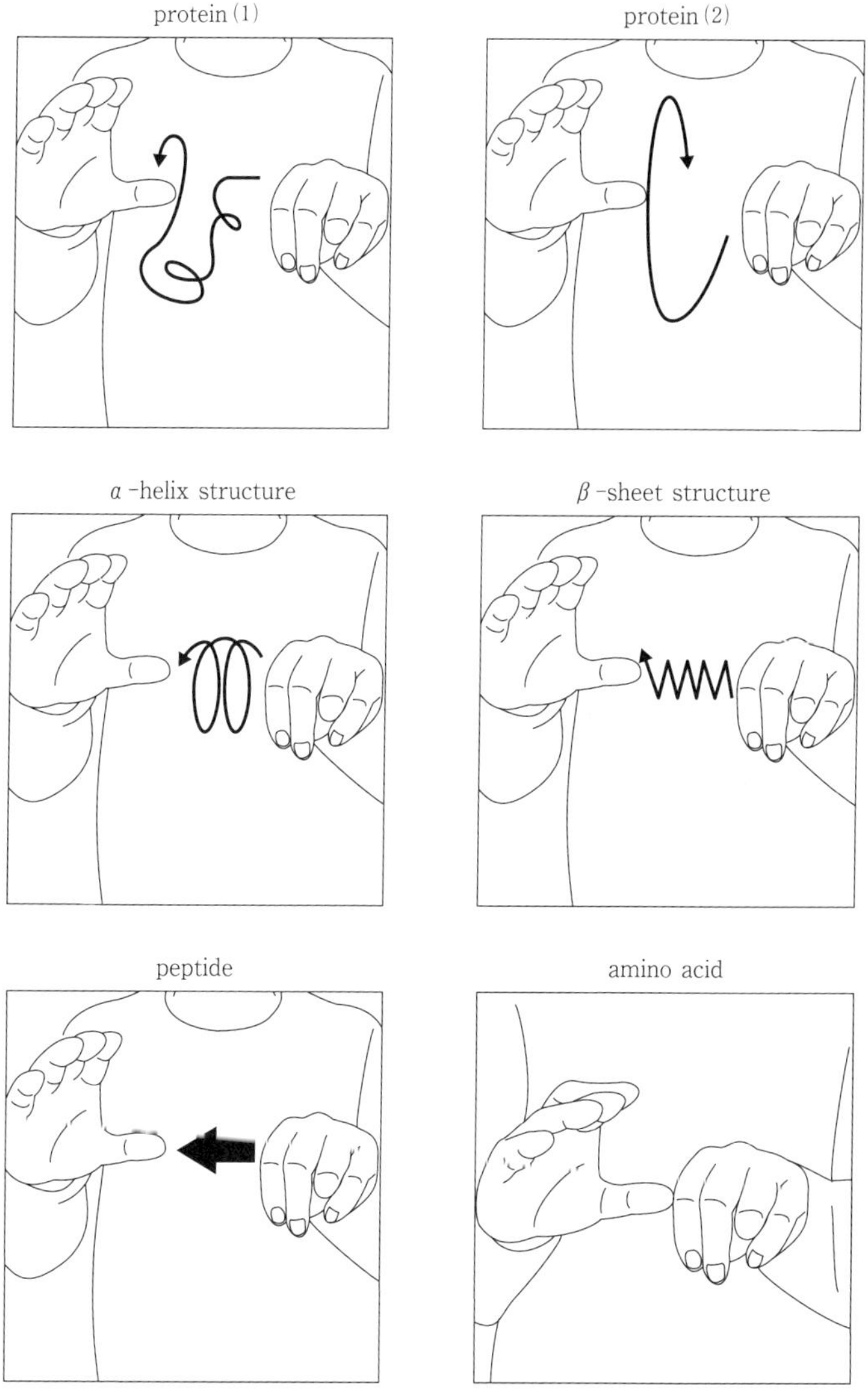

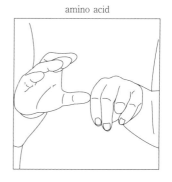

クス（α-helix structure）、βシート（β-sheet structure）、コイル構造（coil structure）、タンパク質フォルディング（protein folding）、タンパク質非活性化（protein inactivation）といったものがある。タンパク質はアミノ酸が数十個から数百個つながってできている。その両端はそれぞれN末端及びC末端と呼びならわされている。アミノ酸、ペプチド、タンパク質は本質的に異なるのは長さだけである。そこで、左手で「N」、右手で「C」の指文字を作り、アミノ酸のときは右手で左手を軽く叩く表現、ペプチドのときは右手を左手につけてから少し直線的に離す表現、タンパク質のときは右手を左手につけ、右手を回転させながら比較的長く離していく表現にした。つまり、三種類の単語それぞれを右手の動く長さで区別することにしたわけである。タンパク質、αヘリックス、βシート、タンパク質フォルディング、それぞれの単語は、右手の動きを変えることで区別した。さらにタンパク質の非活性化の過程、酵素（タンパク質）が触媒する反応のときに生じる酵素のタンパク質構造の変化（out, in, closed 構造）なども指文字「N」を表した左手と指文字「C」を表した右手を組み合わせた表現にした。手話単語の分節素は「手型（手形・掌向）」「位置」「動作」からなるが、新たに作った手話語彙はいずれも手型及び位置が同じであり、動作のみが違うものである。つまり、いろいろな学術用語の手話語彙を系統派生的に表現していったわけである。このように新しく作った専門用語はアミノ酸という基本手話単語から派生的に作られたものであり、これらの派生的関係を系統樹に見立てて図示したものを図8-1-1～2に示す。

3　言語系統樹——手話単語と指文字

世界各地にはいろいろな手話（手話言語）があるにもかかわらず、手話は世界共通であるとか、手話は身振りのようなものであるという誤解も少なくない。世界各地の手話言語の語彙体系を比較した資料（語彙統計論）はかなりあるものの、ある手話言語Aと他の手話言語Bの間では一〇〇語の手話単語のうち表現も意味も同じものは何％、意味は同じで表現が似ているものは何％というような形でまとめたものがほとんどであり、三つ以上の手話言語がそれぞれどのような関係にあるのかをわかりやすく図示した例はほとんどない。音声言語を対象とした研究では樹状図や分岐図の作成についてのいろいろな成果が発表されているものの、手話言語を対象としたものはまだほとんどない。

私は今までに発表された語彙統計論的資料を整理し、樹状図や分岐図を作ることができるかどうかを検討した。その結果を図8-2に示す。もちろん、手話言語の樹状図や分岐図（系統樹）を作るときは音声言語の系統樹を作るときにはない問題がいろいろあるが、今後の研究により解決していくことは十分可能であるものと考えられる。

また、世界各地の手話言語は指文字を自身の語彙体系の中に取り込んでいる。しかしながら、

図 8-2　イギリス手話・オーストラリア手話・ニュージーランド手話の分岐図

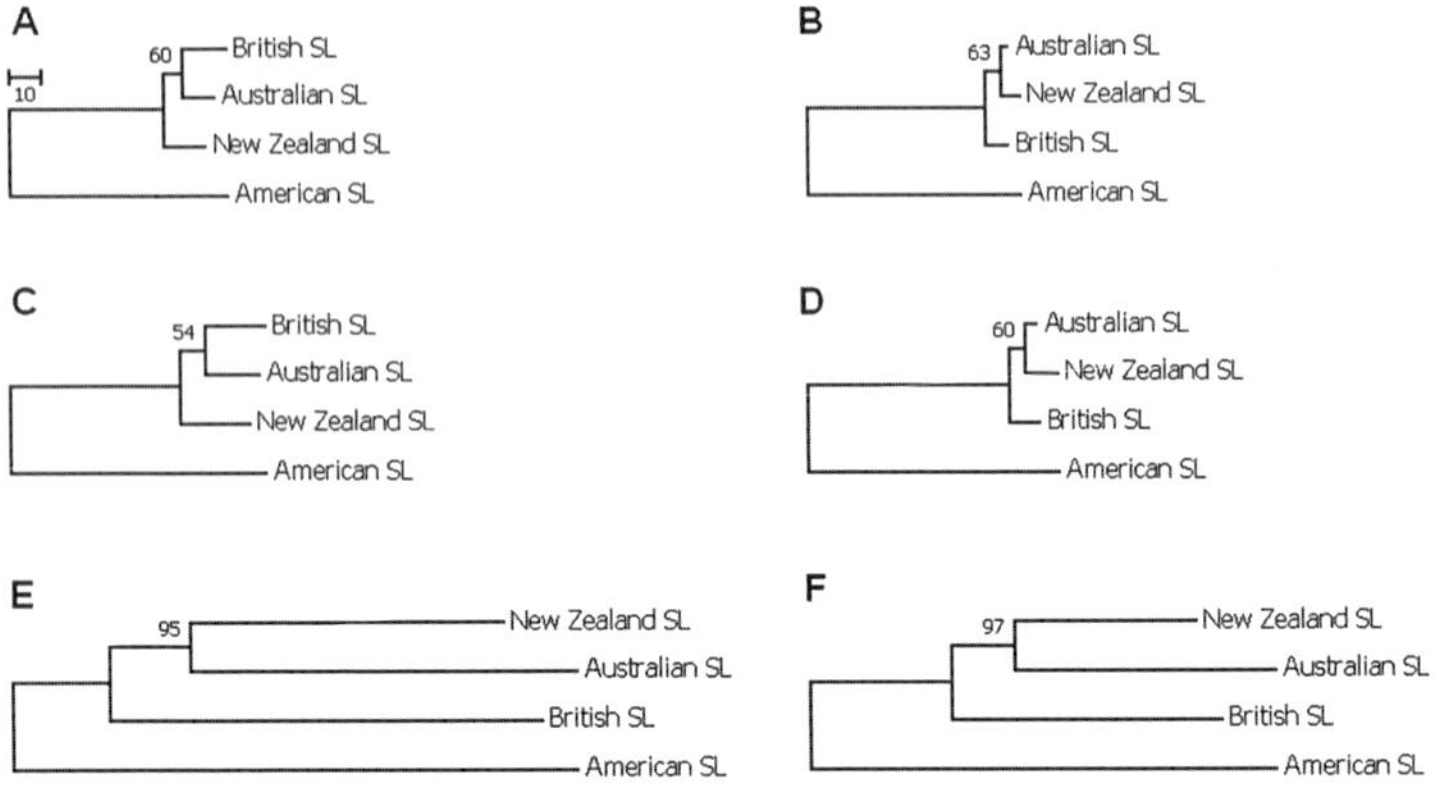

注：(1)　(A) 基本語100語より名詞を除いた67語の一致度に基づいた分岐図，(B) 基本語100語より名詞を除いた67語の類似度に基づいた分岐図，(C) 基本語100語の一致度に基づいた分岐図，(D) 基本語100語の類似度に基づいた分岐図，(E) 無為抽出200語の一致度に基づいた分岐図，(F) 無為抽出200語の類似度に基づいた分岐図。
(2)　各分岐図に見られる数値は該当分岐群の bootstrap 値。
出所：末森（2013：3)。

指文字もまた手話言語と同じように世界共通という誤解を受けることが少なくない。手話言語の系統樹と同じように、世界にはどのような指文字があり、それらはどのような系統関係にあるのか、そして指文字がどのように変化していくのかをわかりやすく図示することが望まれる。特に指文字の場合は、手話言語の語彙に比べて、比較しなければならない要素が比較的少ないため、系統樹を作りやすく、指文字の系統樹を作るときに得られた様々な知見を手話言語の系統樹に応用していくことも期待できる。

そこで、世界各国・各地域で使われているラテン文字系統指文字四三種類と、かつて西欧で使われていた古いラテン文字系統指文字一一種類を集めた。現在知られてい

図8-3　de Yebra 指文字

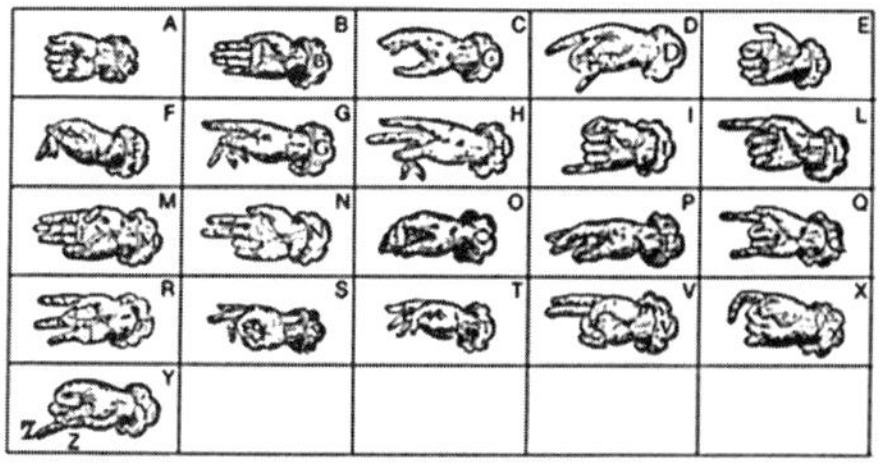

出　所：Hans Werner, H.（1932）Geschichte des Taubstummenproblems bis ins 17. Jahrhundert, Jena: Verlag von Gustav Fischer.

るラテン文字系統指文字の中で最も古いものは de Yebra が一五九四年に刊行した聾唖教育の本に載っているものである（図8-3）。西欧の聾唖教育史に関する研究から de Yebra 指文字が西欧各地の聾唖学校に伝播していく過程で変遷していったものと考えられている。一方、中世西欧では暗記術として指文字が一般市民の間でも用いられていた。このような資料を整理して最尤法によりラテン文字系統指文字の分岐図（系統樹）を作った（図8-4）。また、ラテン文字系統指文字二六文字は、世界各国の指文字の間での変化が著しいものと変化があまりないものとに大きく分けることができる。変化が著しいものの代表としては「P」が挙げられる。一方、変化があまりないものとしては「V」や「O」が挙げられる。図8-3を見ると、親指と人差し指で「O」を作っている点だけが共通しており、中指、薬指、小指の三本は様々な形態をとっており、親指と人差し指が selected fingers、中指、薬指、小指の三本は non-selected fingers であることが窺われる。

図 8-4　ラテン文字系統指文字の分岐図

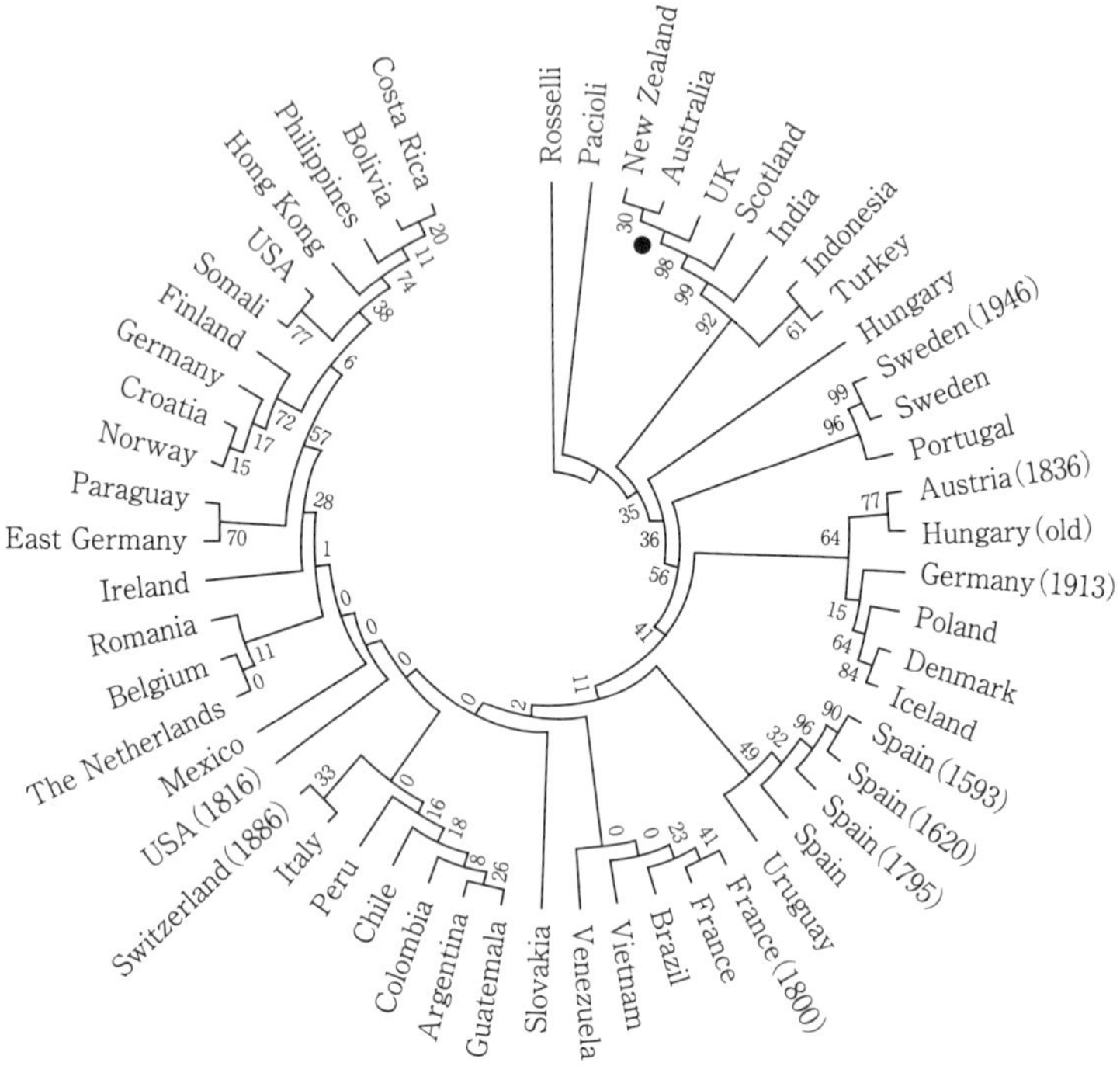

出所：Suemori (2013).

　分岐図の作成方法にもまだ多くの問題が残っているし、得られた分岐図も完全なものではない。ただ、得られた世界各国のラテン文字系統指文字を見ることで、de Yebra 指文字や暗記術指文字から現在使われている世界各国の指文字がどのように生まれてきたのか、その全体像をおぼろげながらも視覚的に把握することができるようになる。このような視覚的把握は、ある手話言語Aと他の手話言語Bの間では一〇〇語の手話単語のうち表現も意味も同じもの

図8-5　象形法指文字群，頭韻法手真似文字群および，大曾根式指文字の《類似》由来最尤法分岐図

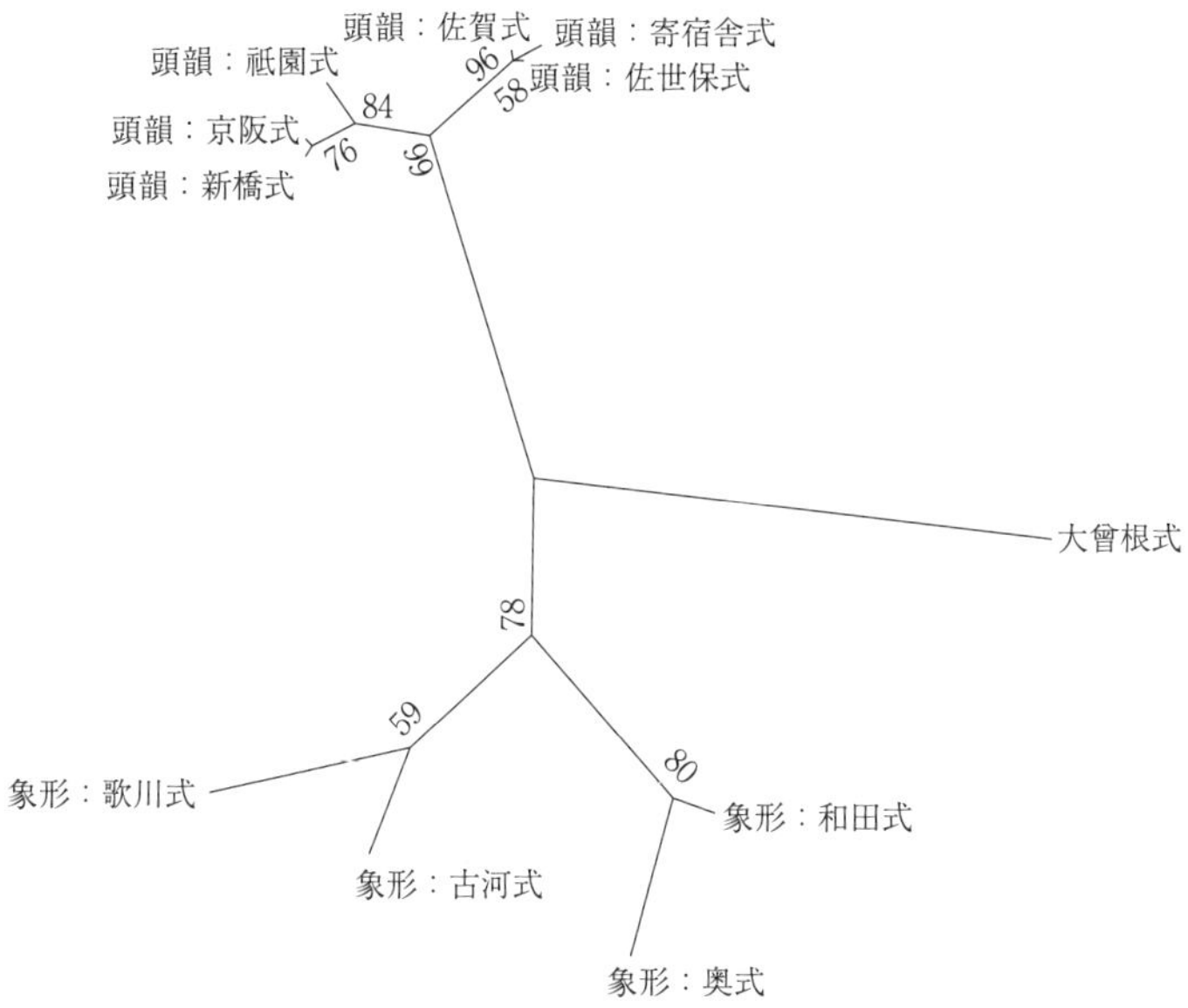

出所：末森（2013a：51）。

は何％、意味は同じで表現が似ているものは何％というような形でまとめたものを見るだけでは絶対にできないものでもある。

世界各国のラテン文字系統指文字の系統樹を作ってみたが、日本の場合はどうであろうか。現在、日本で用いられている指文字は一九三一（昭和六）年に大阪市立聾啞学校が発表した大曽根式指文字である。一方、明治時代初期より昭和時代初期にかけて、聾啞学校では様々な指文字や手真似文字が用いられただけでなく、当時の速記界や花柳界でも様々な指文字や手真似文字が考案されたことが知

られている。

私は、明治時代初期より昭和時代初期における聾唖教育界指文字群・手真似文字群、速記界指文字群、花柳界手真似文字群および、指数字群に関わる史料を網羅的に集めるとともに、これらの分岐図を作った（図8-5）。分岐図より、明治時代初期より昭和時代初期における日本指文字群の系譜は様々な作字原理に基づいた指文字を含むものであり、大曽根式指文字はこれら様々な系統が合わさった到達点ともいえるものであることが窺われる。すなわち、世界各国で用いられているラテン文字系統指文字が少数の指文字から適応放散的に派生していったのに対し、日本の指文字はさまざまな作字原理に基づいた指文字が混ざり合いながら、一つの指文字体系を作り上げていくという際だった違いが窺える。このように系統樹を作ることを通して、いろいろなことを視覚的に把握できるように計らっていくことを、もっと積極的に評価していくことが望まれよう。

4　語彙史——聾唖と手話

手話言語の語彙体系や指文字を対象として系統樹を作ることにより、手話言語や指文字の変化の全体像を視覚的に把握するようにしてきた。では手話単語や指文字以外のものを対象とした系譜化はできるのであろうか。たとえば、聾唖に関わりのある日本語はどうであろうか。

現在は「ろう者（聾者）」という言葉は「手話言語を母語ないし第一言語とする人」という語義で用いる例が増えている。ところが、一九四〇（昭和一五）年に刊行された『聾啞界』九〇・九一合併号に所収されている「社団法人日本聾唖協会創立二十五年史」には日本聾唖協会創立協議委員会に出席した一二名の委員の氏名や所属の他に〈聾唖〉あるいは〈聾〉であるかどうかが書かれており、〈聾唖〉は七名、〈聾〉は五名にのぼっている。〈聾唖〉と〈聾〉はそれぞれ現在の「聾」と「中途失聴／難聴」にあたるものと考えられる。すなわち、昭和時代の初期に用いられていた〈聾〉と現在の「聾」とでは語義が変化していることが窺われるのである。

では、江戸時代、さらにはさかのぼって古代や中世では〈聾〉や〈唖〉は一体どのような語義をもち、どのように使われていたのであろうか。七一八（養老二）年に制定された『養老令』「戸令」七目盲条には「凡一目盲。両耳聾。手無二指。足無三指。手足無大拇指。禿瘡無髪。久漏下重。大癭瘇。如此之類。皆為残疾。癡。瘂。侏儒。腰背折。一支癈。如此之類。皆為癈疾。悪疾。癲狂。二支癈。両目盲。如此之類。皆為篤疾。」という記述が見られる。このような「聾」や「唖」の音読みや訓読みを含む聾唖関連語彙は、聾唖史における最重要分野の一つでもあり、系譜化を通して、一般社会の中で聾者がどのように見られてきたのか、その一端を明らかにすることができるものと考えられる。

ただ、残念なことに、こういう聾唖関連語彙の語彙史に関する先行研究はあまりない。たとえば、岡山準（一九三五）は「聾唖史稿」で、近世以前の様々な文献に載っている聾唖関連語彙を紹介している。私は六種類のキリシタン版対訳辞書『羅葡日辞書』『日葡辞書』『日西辞書』『葡日辞書』『西日辞書』『羅西日辞書』に載っている聾唖関連語彙を調べ、それらの比較を行った。『羅葡日』の対訳日本語ないし日本語訳語釈に見られる聾関連語彙は［mimixij〈耳癈〉］［tçunbo〈聾〉］［riŏquai〈聾聵〉］の三語、唖関連語彙は［voxi〈唖〉］［yezzu〈言えず〉］の二語に上った。『日葡』の見出し日本語に見られる聾関連語彙は［mimixij〈耳癈〉］［nireô〈耳聾〉］［reô-quai〈聾聵〉］の三語、唖関連語彙は［afu〈瘂子〉］［voxi〈唖〉］の二語に上った。その他、見出し日本語［reô a〈聾唖〉］や見出し日本語［mimi〈耳〉］の関連語句［mimi tçubururu〈耳潰るる〉］［mimi tçubure〈耳潰れ〉］が見られた。『葡日』の見出し葡語における聾関連語彙は［mouco］［humẽ mouco］［mulher mouca］［ser mouco］［estar mouco］［ficar mouco］の六語に上ったものの、対訳日本語に見られる聾関連語彙は［tçũbǒ〈聾〉］の一語のみであり、唖関連語彙は皆無であった。『羅葡日』や『日葡』に載録されている聾関連葡語が総て語幹［surd—］を含む単系統派生的な成り立ちを示すのに対し、聾関連日本語語彙は大和語語彙に属するものと考えられる［mimixij〈耳癈〉］［tçunbo〈聾〉］［mimitçubure〈耳潰れ〉］に限らず、漢文訓読語彙に属するものと考えられる［riŏquai〈聾聵〉］［nireô〈耳聾〉］が見られるなど、日本語における聾関連語彙の多様な成り立ちが窺われた。

『西日』の見出し西語における聾関連語彙は［fordo］のみであるものの、見出し西語［fordo］には対訳日本語［qicazu〈聞かず〉］、［fordo in poco］には小見出し西語［fordo in poco］が続き、西語［fordo in poco］には対訳日本語［mimidovoi〈耳遠い〉］があてられている。また、見出し西語における唖関連語彙は［mudo］のみであり、対訳日本語［vbuxi〈唖〉］があてられている。『羅西日』の対訳日本語に見られる聾関連語彙は［qicazu〈聞かず〉］［mimidovoi〈耳遠い〉］の二語、唖関連語彙は［monoivazu〈もの言わず〉］［vbuxi〈唖〉］［mugon〈無言〉］の三語に上った。

「日本聾唖史稿」（岡山 一九三五）に所収されている聾唖方言地図は「聾の一、二」及び「唖の一～九」からなり、聾関連方言は大和語系統の「キカズ系」「ツンボ系」「クヂラ系」の三系統、唖関連方言は大和語系統の「オーシ系」「ウーシ系」「イワズ系」「ゴロ系」「アッパ系」「チーグー系」、漢文訓読系統の「無語系、無口系、語遅系」の七系統に分類されている。この方言地図に載録されている聾唖関連方言群と、キリシタン版対訳辞書群に載録されている聾唖関連語彙の対照を行った。

聾方言地図より「キカンズ」「ツンボ」「カズンボ」の三語の東北地方における分布を抜粋編集したものを図8-6(a)に示す。東北地方北部は「キカンズ」が優勢であるのに対し、東北地方南

図 8-6　聾啞関連方言地図

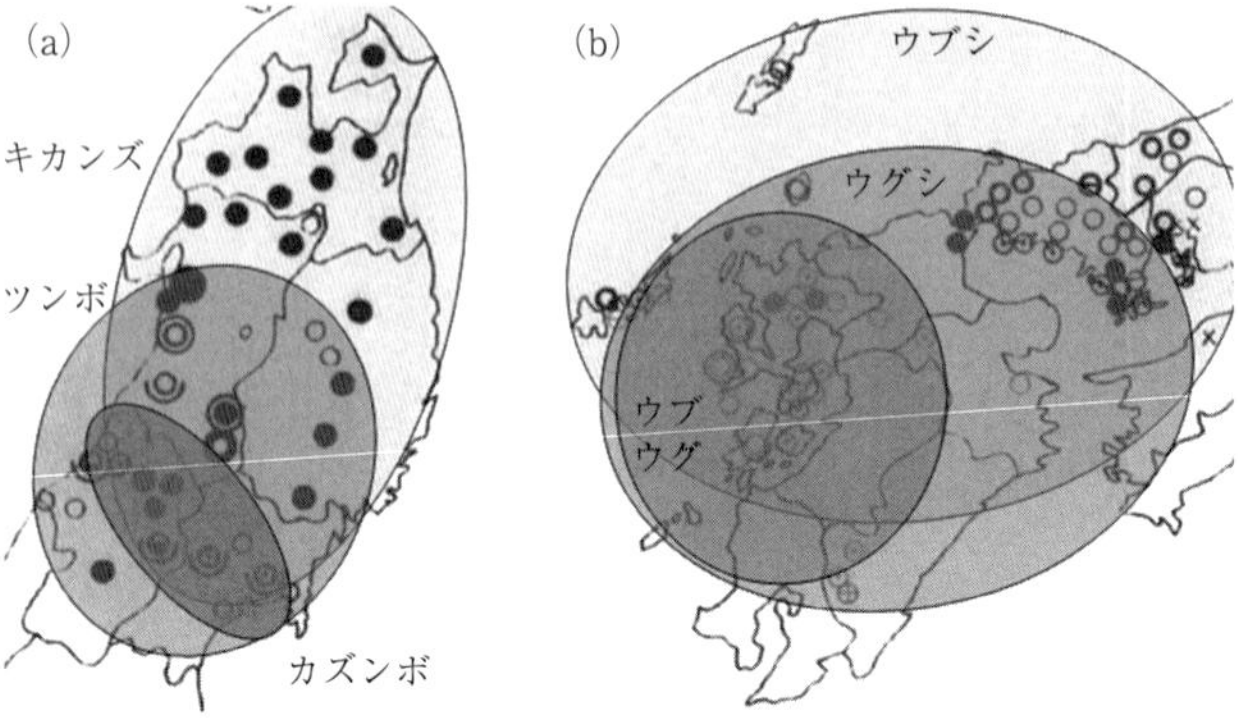

注：(a) 東北地方における聾関連方言「キカンズ」「ツンボ」「カズンボ」の分布，
　(b) 九州・中国地方における啞関連方言「ウブシ」「ウグシ」「ウブ／ウグ」の分布。
出所：末森・新谷（2015：48）。

部では「ツンボ」が優勢であるほか、「キカンズ」と「ツンボ」の複合語（あるいは混成語）とみられる「カズンボ」が散見される。聾関連語彙が京都、もしくは関東から東北地方を北上伝播したものと考えると、「キカンズ」「ツンボ」の順に伝播し、さらに「キカンズ」が「ツンボ」と複合語「カズンボ」を作ったと見なすことも可能である。

一方、啞方言地図では「オーシ系」方言は全国各地に散見されるのに対し、「ウブシ」を含む「ウーシ系」は九州及び中国地方に留まっており、『西日』や『羅西日』に載録されている［vbuxi〈啞〉］に該当する「ウブシ」は、下関地方、周防地方、島根県西部地方、壱岐、対馬、五島列島に散見される一方、天草地方や佐賀地方には［vbuxi〈啞〉］が音韻変化したものと考えられる「ウグシ」や「ウグ／ウブ」が見られる（図8-6(b)）。すなわち、『西日』や『羅西日』は中世後期から近世初期における九州方言であったものとみられる〈うぶし〉を載録した可能性が高いものとも考えられる。また、唖方言地図における「ウブシ」「ウグシ」「ウグ／ウブ」の四語の分布状況より、天草地方を中心とする部分的方言周圏論が成り立つ可能性も窺える。すなわち、中世後期から近世初期の間、長崎では「ウブシ」が幅広く使われており、それらが九州北部、中国地方西部に広まっていく一方、天草地方では新たに「ウグシ」「ウグ／ウブ」が用いられるようになり、昭和時代初期に至っているものとも考えられる。このようにキリシタン版対訳辞書群に載録された安土桃山時代の聾唖関連語彙と昭和時代初期に作られた聾唖方言地図の対照を行うことにより、聾唖関連語彙が日本の各地に伝播していく過程を追うことができるようになるのである。

現在は「手話」という用語が完全に定着しているが、手話を指す用語は一八世紀前半（江戸時代後期）より現在まで様々な用語例が出ている。たとえば、京都盲唖院では「手勢」という用語を用いたほか、楽善会訓盲院を淵源とする東京聾唖学校の校長を長らく務めた小西氏は「符牒」という用語を用いている。しかし、大正時代に入ると「手真似」や「手話」といった用語の頻出が見られるようになる。「手真似」や「手話」という語彙が一九六〇年代においても混在する状況が見られる。一方、一九七〇年代には手話に対する学術的関心が高まり、「伝統的手話」や「日本語対応手話」という用語が新たに提唱されている。このような流れの下、一九九〇年代には「手真似」が死語化し、「手話」に収斂するといった様相がみられる。このような奔流とは一線を画するかのように、大阪市立聾唖学校教員有志の論文等では「手語」という用語が用いられているものの定着することなく歴史の彼方に消え去っている。

一方、一九九五（平成七）年には「ろう文化宣言」が発表され、「日本手話」という用語が定着する契機となった。さらに、方言連続体にみられる概念を外延した日本手話と日本語対応手話の間に位置するような変種の存在の可能性を指摘する言説もあり、パン・田上（一九七八）や神田（一九八四）は「中間手話」という用語を提唱している。すなわち、「手真似」や「手話」といった語は概観的な語義であるのに対し、「日本手話」や「日本語対応手話」は分類的な語義をもつ傾向が窺われ、このような多様な語彙が混在していたことも、日本語における手話関連語彙の特徴といえるかもしれない。

ただ、「日本『手話』」という用語に見られる『手話』は、音声言語とは異なる手話言語独自の文法をもつ個別言語であるという語義を有し、狭義の「手話」と見なし得る。一方、「日本語対応『手話』」という用語に見られる『手話』は、音声日本語の文法に則する傾向が顕著ではあるものの手指媒体を用いる意思疎通手段であるという語義を有し、広義の「手話」と見なすのが妥当である。このように日本では「手話」という語は言語媒体と言語文法の違いが明確に認識されることなく、「手話」という語の多義性に甘んじた分類が混在している。しかしながら、たとえばアメリカの場合は「American『Sign Language』」と「Signed『English』」というように、それぞれの意思疎通手段に内在する個別言語文法が『Sign Language』と『English』というように明示されている（上野 一九九二）。すなわち、英語表記の『Sign Language』には、日本語の「手話」に見られるような多義性の度合いは低い。かつては、そのような認識の下に「Signed English」に該当する概念を有する語として「手指日本語」という語が提唱されたものの、ほとんど定着していない。

興味深いことに、一九二〇年代（昭和時代初期）には、既に「手話」の多義性を包含した手話関連語彙の混在が見られる。たとえば、『六十年史』では「自然的手話」「慣習的手話」「教育的手話」という、「いわゆる日本の手話」を対象とした三種類の分類用語が提唱されている。現在の通説に従えば、「自然的手話」は「ホームサイン」、「慣習的手話」は「日本手話」、「教育的手話」は「日本語対応手話」に該当するものとも考えられる。そのような文法の違いがあることを認めているにもかかわらず、三種類の用語にはいずれも「手話」という語が用いられている。すなわち、日本では手指媒体を用いた意思疎通手段という概念が前景化され、言語の文法や個別言語共同体における文化というような文脈における相違は後景化される傾向が顕著であったとものとも考えられる。

このように言語における「媒体」と「文法」の区別が明確に認識されることなく、「手話」という語の多義性を許容したまま議論が展開されているため、現在の「日本手話」と「日本語対応手話」をめぐる議論は不毛なものになっている。また、障害者権利条約（二〇〇六年）が日本語に翻訳されたとき、言語としての「手話」という用語が用いられたが、これは国内法における実質的初出典拠と見なされている。また、障害者基本法が二〇一一（平成二三）年に改正されたときは、国内法において初めて「言語（手話を含む）」という文脈が認知された。二〇〇〇（平成一二）年代以降は、社会福祉法（二〇〇〇年改正）をはじめとする社会保障関連法律群においても「手話」という用語の所収が認められるようになっている。ただ、障害者権利条約においても原文では明確に「Sign Language」という用語が用いられているものの、翻訳された日本語には「手話」という用語が充てられたため、「手話」という語の多義性が「いわゆる日本の手話」の言語としての明確な位置づけを後景化するという負の作用をもたらしたことは否めない。むしろ、意図的に「手話」の多義性を許容することにより、条約や法律を現状追認的かつ玉虫色的なものにしたと見なすこともできる。このような状況を踏まえ、「いわゆる日本の手話」に関する建設的な議論の展開を図るためにも、「手話」という語の多義性自体に関する検証も望まれよう。

一方、一九一五（大正四）年に刊行された『日本聾唖協會創立協議委員會記録』には、会議における使用言語をめぐる以下のような記述が見られる。

「（三番）記述にて論戦せんよりは須く手演にて議論したし
（八番）余は三番説に反対す手演は確固たる議論の根底とはならず、不得要領の厭あり可成記述にしたし
（三番）八番の云う處は失礼も亦甚だしとて八番に突っ掛かる
八番之を弁駁す此の間三番、八番間に激論を生ず

発言者を指す三番は〈聾唖〉、八番は〈聾〉として区分されている。この記述より、大正時代初期には既に〈聾唖〉ないし〈聾〉に関わる言語をめぐって様々な見解が存在していた可能性が窺われる。

5　書誌学――松村精一郎および『万国地誌階梯』

一八八一（明治一四）年、視覚障害児及び聴覚障害児の教育施設として、日本で四番目に設立された私立金沢盲唖院の初代院長、松村精一郎（一八四九（嘉永二）～一八九一（明治二四）年）は、六歳より七年間にわたる闘病を経て失聴した聾者であり、日本において初めて盲唖児教育施設の最高運営責任者を務めた聾者として再評価の機運が高まっている。一方、松村精一郎は一八七五（明

図 8-7　『万国地誌階梯』

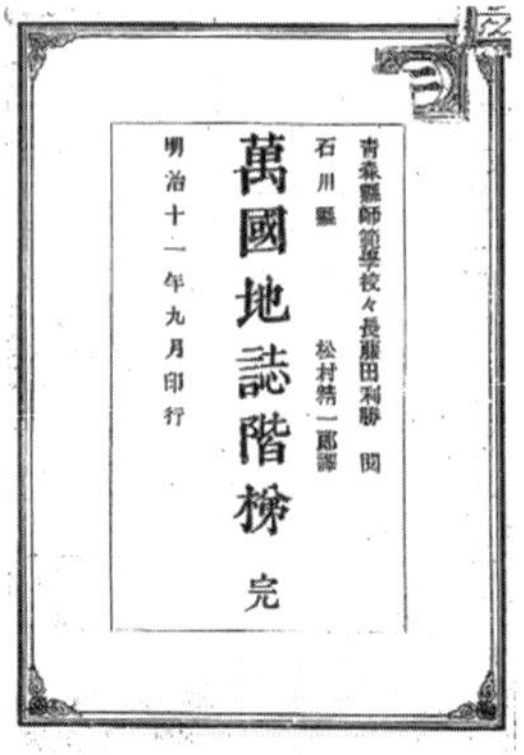

明治11年版見返し
資料：国会図書館所蔵。
出所：Suemori（2014）.

治八）年に抄訳本地理書『万国地誌階梯』を脱稿しており、この本は重刷を重ねて一八八七（明治二〇）年には旧文部省教科書検定の認可を受けている（図8-7）。私は『万国地誌階梯』の初版より一八八七（明治二〇）年に至る多数の版を書誌学的に整理することにより系譜化を行った。そして、①該当本の見返し及び奥付の体裁はα群及びβ群に分けられるものと考えられる（一次分類）。②該当本の初版刊行は一八七六（明治九）年以降であることは確実であり、一八七八（明治一一）年版が初版である可能性も考えられる。③該当本の主要種本は*Mitchell's primary geography* である可能性が高いものと考えられる、といったことを明らかにした。

金沢盲唖院が一八八三（明治一六）年に閉院された後、現在の石川県立聾学校に連なる私立金沢盲唖学校が新たに設立されたのは、実に二五年後の一九〇八（明治四一）年のことになる。明治一〇年代から三〇年代における盲唖教育の一種の空白期間を考慮しても、松村精一郎の先駆性は瞠目すべきものがある。このような松村精一郎の先駆性は、卓越した洋学知識及び漢籍に裏づけられたものであり、私立金沢盲唖院と松村精一郎という希有な事象を考察するにあたっては、松村精一郎は裕福な商家に生を受けた聾者であるというような面でのみ捉えるのではなく、洋学並びに漢籍という松村氏の多様な人間像を包括的に捉え、多様な視点に立った考察を図ることが望まれる。そしてそのような姿勢は、明治時代初期における聾者群像にも新たな視点を提供するものと期待される。

6　非文字史料における聾唖表象

今までの聾史の研究は歴史研究全般と同じようにともすれば文字史料を対象としたものに偏りがちであり、絵画のような非文字史料を対象とすることはあまりなかった。しかし、最近は歴史研究においても非文字史料を対象とした研究が盛んに行われるようになっている。そこで、聾史の研究でも聾唖者自身を描いた絵や聾唖に関連のある出来事を描いた絵がないかどうかを探し、それらにいろいろな考証を加えてみるといった、いわゆる聾唖図像学とでもいうべき分野の開発が試みられるようになっている。

しかし、聾唖者は肢体不自由者や視覚障害者とは異なり、外見上はその障害を判別することが難しい場合が少なくない。実際、古代より近世に至る非文字史料では肢体不自由者や視覚障害者が描かれている例を見つけることはさほど難しいことではないが、聾唖者を描いた例は非常に少ない。これは聾唖者を描いた例自体が少ないのか、それとも聾唖者を描いた当時はそれが聾唖者を描いたものであるという暗黙の了解があったものの、現在の私たちはそれを知る術がないため、聾唖者を描いた絵が少ないかのように見えるだけなのか。こういう課題に応えていくためにも、聾唖図像学に関する調査研究が求められるのではなかろうか。

古代より芸能においては障害者が扱われることも少なくなかったが、狂言の《三人片輪》では偽唖者が偽盲人や偽躄（いざり）と共に登場し主役をつとめている。山本（二〇〇五）は狂言《三人片輪》の台本を紹介するとともに、中近世における唖者の様相を考証している。私は文字史料に限らず非文字史料にも《三人片輪》の題材を求めて、得られた文字史料と非文字史料より《三人片輪》の系譜化を図り、《三人片輪》という枠組みの中で聾唖者の描写（聾唖表象）がどのように変化してきたのかを考察した。

狂言《三人片輪》は一六〇二（慶長七）年三月一一日（旧暦）に大坂城にて上演されたとの記録があり、最近も和泉流・野村萬歳家により度々上演されている。狂言《三人片輪》台本の初出典拠は『狂言六義（通称・天理本）』とみられているものの、近世初期の狂言台本群において は『虎明本』（大蔵流）や『続狂言記』（和泉流）（群小流派）にも載録されている。《三人片輪》を描いた非文字史料は管見の限り二件が存在する。一つは近世初期（一七世紀初期）に描かれたものとみられる屏風貼絵であり、若衆狂言ないし若衆歌舞伎《三人片輪》の最終場面を描いている（図8-8）。もう一つこの絵には最後の場面で偽唖者を演じた博打打ちが手にしている唖竹も描かれている。もう一つは近世後期（幕末期）に描かれたものとみられる絵巻物であり、三人の博打打ちが酒宴を設け偽唖者が舞う場面が描かれている。ただ、この絵には唖竹は描かれておらず、偽聾と偽唖者の区別には慎重な判断が望まれる。

《三人片輪》が上演された芸能分野は、狂言に留まらず、歌舞伎、文楽、舞踊、散切物ないし、宝塚歌劇と多岐にわたっており、身体障害者を笑いの対象に含める《三人片輪》が普通に上演されていたことが窺われる。とりわけ、狂言においては身体障害者、あるいは偽身体障害者を風刺の対象とする演目も少なくない。

図 8-8　屏風貼絵《三人片輪》

出所：永井（2002：140）。

しかし、狂言の演目群に登場する身体障害者は盲人が群を抜いて多く「偽唖者」が登場する演目は《三人片輪》の他は管見の限りない（「唖者」が登場する演目は知られていない）。実際、民話および時代小説における《三人片輪》を勘案するに、一般社会において障害者全般を示す寓意として「三人片輪」という用語を用いるときは聾者ないし唖者は含めない例の方が一般的であり、狂言《三人片輪》のように唖事象が主要題目に含まれる例の方が少ないものとも考えられる。このような事象は「聾唖事象の不可視性」の一環と見なすことも可能である（末森 二〇一三ａ）。

すなわち、芸能分野および民話や時代小説のような非芸能分野における《三人片輪》の状況を俯瞰すると、唖者が登場しない《三人片輪》と、唖者が登場する《三人片輪》の二系統に分かれることが窺われる。前者は民話および時代小説を内包するものの、民話《三人片輪》と時代小説《三人片輪》は直接的なつながりはないものと考えられる。一方、後者は狂言《三人片輪》を源流とし歌舞伎、文楽、舞踊、さらには宝塚歌劇に派生表象したものと考えられる。散切物は狂言曲とはかなり内容が異なるものの、歌舞伎・浄瑠璃作家である河竹黙阿弥がしたためたものであることから、狂言《三人片輪》に着想を得たものである可能性は十分にあるものとも考えられる（渡辺 一九九七）。

歌舞伎《三人片輪》に登場する偽唖者役の女形《おやま》は「おし」と書かれた札（以下、「唖札」）を首にかけ、短い棒二本（以下、「唖竹」）を持っている（図8-9）が、唖札の存在を示す史料は以下の二件が挙げられる。高橋（二〇一三）は明治時代中期図解英和辞典類における聾唖表象の集録を行い、唖札を首にかけている聾唖者と推定される挿絵を見つけた（図8-10）（鳥井 一八八七）。版が粗雑なため唖札と覚しきものに書かれている字を判読することはできないものの、一八八七（明治二〇）年に刊行された図解英和辞典の挿絵に唖札と推定されるものが見受けられる事象は幕末期と明治時代初期における聾唖表象の継続性を窺わせるものがある。関根（一九二五）は、江戸時代後期に活躍した浮世絵作家（画家）大石真虎が失聴した後「つんぼ」と書いた唖札を用いた様子を述べている。このように、「不可視性」を多分に帯びた聾唖表象を可視化するためのものにもいろいろなものがあるのではないかという仮説をさらに確証していくためにも非文字史料の発掘が望まれる。

　豊臣秀吉の七回忌に伴う祭礼の様子を描いた徳川美術館本『豊国大明神臨時御祭礼記録』には「非人施行」の様子が描かれており、非人施行に集まった非人の中に「物不言」がいたという記

図 8-9　歌舞伎《三人片輪》

出所：末森ほか（2013b）。

図 8-10　「聾」『英語独学　通弁自在正則画引』

出所：高橋（2013：8）。

述が見られる。岡本（一九九七）は上記の文献に依拠し、徳川美術館本「非人施行」における三人の人物が聾者である可能性に言及している。本章では岡本（一九九九）が指摘した三人の人物は「物不言」である可能性は低いものと判断した（末森ほか 二〇一六）。ただ、岡本（一九九九）は他の人物が「物不言」であるかどうかの検証を行ったのかについては言及していない。そこで、徳川美術館本「非人施行」に描かれている八一人の中に「物不言」が居るかどうかの再検証を行うことにした。最初に片手を上に挙げているか、前方に伸ばしている人物七人、両手を上に挙げているか、前方に伸ばしている人物九人を抽出した。これら一六人より走っているものと思しき人物、片手ないし両手に杖などを持っている人物を省いたところ、三人が残った。興味深いことに、この三人は隣り合う位置に描かれていた。また、これらの人物はそれぞれ対面している様子が窺われた。これら八一人の人物のうち、他の人物と対面し、何も持っていない両手を伸ばしているか、胸の前で曲げている人物三人が隣り合って描かれている絵画事象に鑑み、本章では、この三人は「物不言」であり、身振り言語ないし手話言語を用いているところを描いている可能性があるものと推定した。

物不言たちが描かれている絵画空間は、音声言語が圧倒的な存在を占める「非人施行」空間の内部に非音声言語の空間を形成し、「非人施行」空間内部における言語空間の離散性を提示しているものとも考えられる。徳川美術館本と豊国神社本を比べると、豊国神社本に描かれている人物群が全体的に静的な印象を与えるのに対し、徳川美術館本に描かれている人物群は圧倒的な躍動感が感じられるなど作風の違いは歴然としている。このような躍動感があふれる描写空間があればこそ、身振り・手話を用いる物不言たちの様子も違和感なく「非人施行」空間の構成に参画し得た可能性もある。

7　手話歴史言語学

唖生を対象とした日本の公教育は一八七八（明治一一）年に創立された京都盲唖院をもって嚆矢とし、京都盲唖院、東京聾唖学校、大阪市立聾唖学校の三校を拠点校としながら、内地および外地に聾唖学校を増やしていった。現在、日本で用いられている日本手話は近代初期（主に明治時代）の聾唖学校を拠点とする手話言語共同体を通して成立し、伝播及び派生を重ねてきたものと考えられている。

歴史言語学においては、対象とする言語の通時的検証を図るために、言語学的考証（言語項目比較）の他に、対象言語の言語景観を観察期間の中に位置づけ（通時的・時間的比較）、共通語、地域的変種、階層的変種の相互関係を検証（共時的・空間的比較）することにより、対象とする言語の言語景観を多面的に考証することが望まれる。

しかし、日本手話の通時的検証に関する事例は、日本手話言語地図の予備的調査や、明治時代に東京聾唖学校で用いられたものと考えられる日本手話語彙の復元作業に留まっており、日本手話における言語項目比較ないし共時的・空間的比較検証に比べると大きく立ち後れている。これは、近代初期における日本手話の言語記述史料（現存手話動画及び手話記述関連文献）が非常に限られているという文字言語をもつ言語には見受けられない事情が関わっていることによる。このような難題を打開し、日本手話の通時的検証を通した史的展開を図っていくためには、日本手話の言語記述史料の発掘と並行して、聾唖教育史関連史料に基づいた傍証の蓄積を図っていくことが望まれる。

本節では、聾唖教育史関連一次史料や二次史料に見られる日本手話に関連した記述を、近代初期の聾唖教育における言語環境の動態的把握に照射することにより、日本手話の言語景観の動態的可視化を行い、多視点的検証を通して日本手話の通時的考証に寄与することを期する。

古代、中世、及び近世日本の文字資料（文献）ないし非文字資料（絵画等）に見られる手話関連記述・表象は決して多くはない。竹田出雲が一七二七（享保一二）年に発表した浄瑠璃台本『三荘太夫五人嬢』には、聾唖者を「仕形」や「身振」で教えたという記述が見られる。『日本庶民教育史』は、江戸時代後期、とりわけ幕末期には寺子屋に通っていた唖児や盲児をはじめとする障害児たちが相当数いたことを示しており、『維新前東京市私立小学校教育法及維持法取調書』には幕末期の寺子屋で筆談や手真似を用いて唖児たちを教えたという記述が見られる。

『創立六十年史』では、明治時代の東京聾唖学校関係者が手話を三種類（自然的手話、慣用的手話、方法的手話）に分類し、方法的手話を教育言語として位置づけていたことが窺われる。また、『唖生同窓会報告』より、東京聾唖学校の授業では教科書に書かれている文（日本語）を唖生たちに手話で表してもらう学習が行われていたことも窺われ、このようなときは方法的手話が用いられたものと考えられる。ただ、『創立六十年史』は方法的手話の語彙体系は必ずしも十分に整備されていたわけではないことも述べており、昭和時代初期までそのような状況が続いていたことが、「日本聾唖教員協会第一回研究会」で行われた日本手話語彙の統一を模索する動きにつながったものとも考えられる。

『創立六十年史』より、東京聾唖学校は設立当初から入学する唖生の発音明瞭度検査を行い、選抜した口話科生徒の発音指導を行っていたことが窺われる。また、『唖生同窓会報告』より、明治時代の東京聾唖学校の卒業式では三種類の言語媒体（筆記、口述、手話）が用いられていたことが窺われる。東京聾唖学校の言語景観は、自然的手話や慣用的手話を包含する日本手話（手話言語）に限られたものではなく、文字や方法的手話で示された書記日本語、さらには音声日本語が共存する多言語環境を呈していたことが窺われる。ただ、東京盲唖学校が東京盲学校と東京聾唖学校に分離したのは一九〇九（明治四二）年のことであり、一八九四（明治一七）年当時は東京盲唖学校の卒業式は唖生と盲生が一緒に卒業式を行っていたことから、厳密な意味での唖生集団における言語景観を提示するものではないとの見解は、謙虚に受け止める必要があるものとも考えられる。東京盲唖学校および東京聾唖学校の校長を長らく務めた小西信八氏の著作群には「聾唖教育の最大の眼目は聴者との意思疎通手段としての筆談技能の習得にある」という文脈が散見される。畢竟、東京聾唖学校における多言語環境は、書記日本語が上層語、方法的手話が中層語、慣用的手話が下層語と位置づけられる polyglossia であったと見なすことも可能であると考えられる。

『唖生同窓会報告』では、「手話」「手真似」という用語の他に「手演」「手説」のような用語も頻出する。すなわち、慣用的手話にも演説体と会話体といった位相語が存在し、明治時代、唖生同窓会の役員を務めていた聾唖教員たちは状況に応じて演説体や会話体を使い分けていた可能性も考えられる。そのような状況の下、『唖生同窓会報告』の編集に携わった聾唖教員たちは、演説体が用いられた場面には「手話」「手演」ないし「手説」という用語を充て、会話体が用いられた場面には「手真似」という用語を充てた傾向的差異が存在した可能性も考えられる。一方、『創立六十年史』をはじめとする文献より、東京聾唖学校への皇后行啓が数回あり、手話科や口話科の唖生が皇后陛下に口上を述べたことが窺われる。手話科の唖生が用いた手話については詳しいことは書かれていないものの、唖生が表した手話は慣用的手話、方法的手話のいずれかであったのかに関する後考も俟たれる。

以上の考察に鑑み、東京聾唖学校の言語景観は、狭義diglossia（慣用的手話演説体や慣用的手話会話体、方法的手話）を内包する広義polyglossia（日本手話、書記日本語、音声日本語〔視話法〕）を呈するものであった可能性が窺われる。もっとも方法的手話と慣用的手話も明確に区別できるようなものではなく、緩やかな言語的連続体をなしていた可能性もある。たとえばGuyanese Creoleにおいては、acrolectとbasilectが境目のない連続体を形成していることが知られており、方法的手話、慣用的手話演説体、慣用的手話会話体も連続体をなしていた可能性も考えられる。さらに、このような言語景観は、英語語彙体系における三層構造との類似点を示し、日本手話の成立においても様々な言語接触があったことを窺わせるものになっている。

一九七〇年代にはアメリカにおいてトータルコミュニケーション論が提唱され日本にも紹介されたが、近代初期における東京聾唖学校の言語景観はトータルコミュニケーション論における概念とは若干様相を異にする。トータルコミュニケーション論においては、聴覚障害児個人が多様なコミュニケーション方法を選択し得る環境の整備が眼目とされ、聴覚障害児個人が属する言語環境におけるdiglossiaないしpolyglossiaについての考察は重要視されていない。しかし、東京聾唖学校においても動機が他動的なものであったにせよ、唖児の聴覚障害の度合いに応じた多様な教育を施すという姿勢が垣間見られる辺りにはトータルコミュニケーション論とも共通するものを窺わせる。

Wardhaugh はピジンの特徴的な様相として①第一世代は非母語話者である、②限定的な語彙や簡素化された文法をはじめとするという様相（the drastic change）を挙げる傍ら、creole の特徴として①第一世代の子、孫への継承を通した長期間にわたる使用による母語化、②語彙の拡充や文法の複雑化、などを挙げている。ただ、Cameroon Pidgin English のように、第一世代の pidgin English が文法の複雑化及び成熟化を示す例も報告されている（Jenkins 2009 : 178）。田上・パン（一九七六）や神田（一九八四）は、聾者たちのホームサインから pidgin が形成され、crelolization を経て、現在の日本手話が成立したとの見解を提示している。実際、polyglossia の下、慣用的手話は自然的手話と書記日本語（文字および方法的手話）のピジン・クレオールとして形成されてきたと見なすことも可能である。

一方、Platt（1975）や土屋・本多（二〇一二）は、pidgin/creole により形成された英語の亜種と考えられてきた Singlish は、Singlish に見られる言語様相が pidgin/creole の操作的定義とは大きく異なることより、Singlish は pidgin/creole ではなく creoloid とみなすのが妥当であると提言している――① Singlish の第一世代は Singlish 母語話者でもある、②シンガポール政府の強力な英語教育推進施策の下に短期間で成立している、③ Singlish は限定的な語彙や簡素化された文法から成立したものではなく、最初期の段階から多様な借用語を含む豊富な語彙体系と成熟した文法体系をもつ。

Singlish の例に倣い、明治時代の東京聾唖学校における慣用的手話の成立状況を類推してみると、pidgin/creole とは異なる以下の様相を示すことが窺われる——①明治一〇年代に入学し二〇年代に東京盲唖学校唖生部を卒業した唖生たちは、明らかに東京聾唖学校における日本手話第一世代である一方、日本手話母語話者でもあるものとも考えられる、②明治二〇年代の東京盲唖学校唖生部卒業生や在校唖生たちは日本手話で講演をしたり会議を進めたりしており、それなりに成熟した語彙体系や文法体系を備えているものと考えられる、③明治一〇年代より二〇年代に至る十数年間という短い期間でそれなりに成熟した語彙体系や文法体系を備えた日本手話が成立している。これらの特徴は Singlish に見られる様相とよく似ており、明治初中期の東京盲唖学校唖生部における日本手話の成立は、文字や方法的手話を介在した書記日本語ないし音声日本語の影響の下に、個々の唖生に内在する自然的手話を基盤として形成されてきた creoloid であるものとも考えられる。このように書記日本語、音声日本語、自然的手話、慣用的手話の言語接触により形成されてきた日本手話が示すクレオロイド性の概念図を図8-11に示す。このような新たな手話言語の誕生については、ニカラグア手話の例がよく知られている。ニ

図 8-11　日本手話における creoloid 性

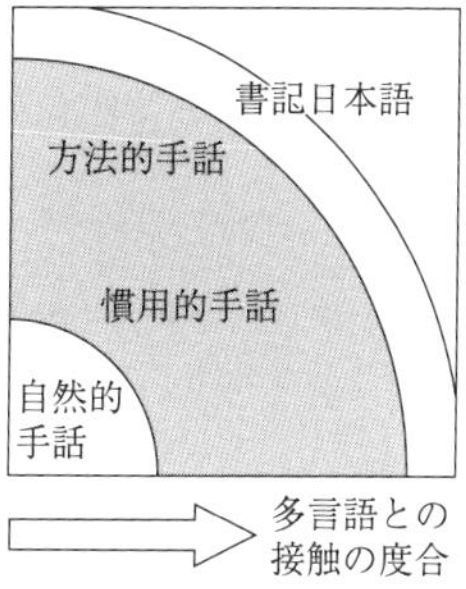

出所：末森ほか（2014）。

カラグア手話も短期間における語彙体系や文法体系の成熟といった事象が観察されている。

一方、明治時代の盲唖学校で育まれた日本手話がどのように日本の各地に伝わっていったのかについては、まだ研究は少ない。インターネットの基本的概念を提唱した論文に記載された図（放射図）は、インターネットが敷衍していく様相を端的に示し得ている。放射モデルは東京聾唖学校（特に師範部）出身者が全国各地の聾唖学校の教員に赴任し、さらにそこから周辺の聾唖共同体へと日本手話が伝播していく様相に近似し得るものとも考えられる。すなわち、①放射図は東京聾唖学校ないし京都盲唖院を卒業した聾唖教員が全国各地の聾唖学校に赴任していく様相、②放射分岐図は聾唖教員が赴任した地方の聾唖学校より唖生を通して周囲に日本手話が伝播するか、聾唖教員や手話のできる聴者教員が周辺の新設聾唖学校に赴任していく様相、③網状図は各地に伝播した日本手話が聾唖者同士の接触により、伝播や変遷を重ねていく様相を可視化し得るものと考えられる。

井上（二〇〇九）は雨傘モデルを用い、近世以前の京都を焦点とする緩やかな日本語京都変種の伝播事象と、近世後期よりみられる東京を焦点とする急速な日本語東京変種の伝播事象の動態的併存状況を可視化した。雨傘モデルは近世後期における江戸語と上方語の標準性の変遷、江戸語と上方語の放射圧力や射程範囲の変遷の論及とも矛盾しないものであり、日本語地域変種の伝播事象の解析に適ったモデルの一つであるものとも考えられている。

この雨傘モデルを参照し、近代初期における東京聾唖学校を焦点とする日本手話東京系統の全国各地への伝播事象と京都盲唖院を焦点とする日本手話京都系統の西日本各地への伝播事象の共存状況を可視化した（図8-12）。

図8-13では、聾唖学校を介在した東京系統や京都系統の伝播事象を示す層（上層）の下に、各地の聾唖学校の唖生集団や聾唖者集団により構成される層（下層）を示し、下層における孤立変

図8-12　雨傘モデル

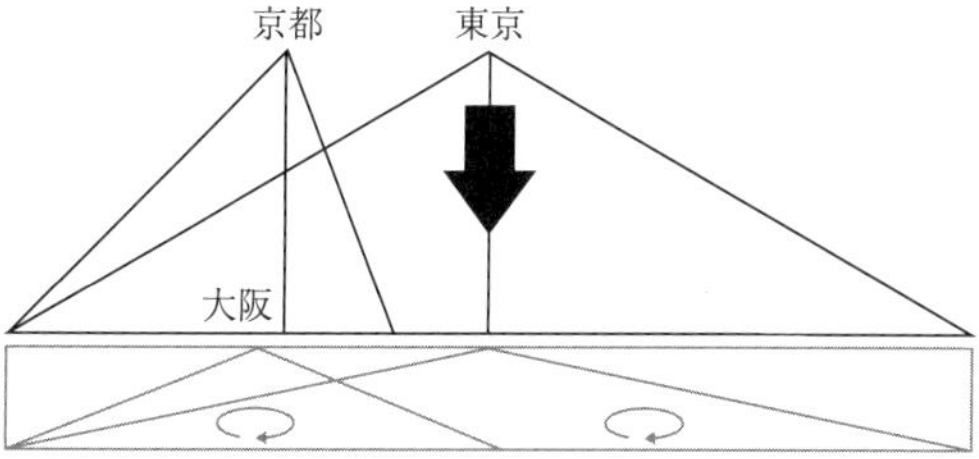

出所：末森（2014）。

図8-13　離散連続体モデル

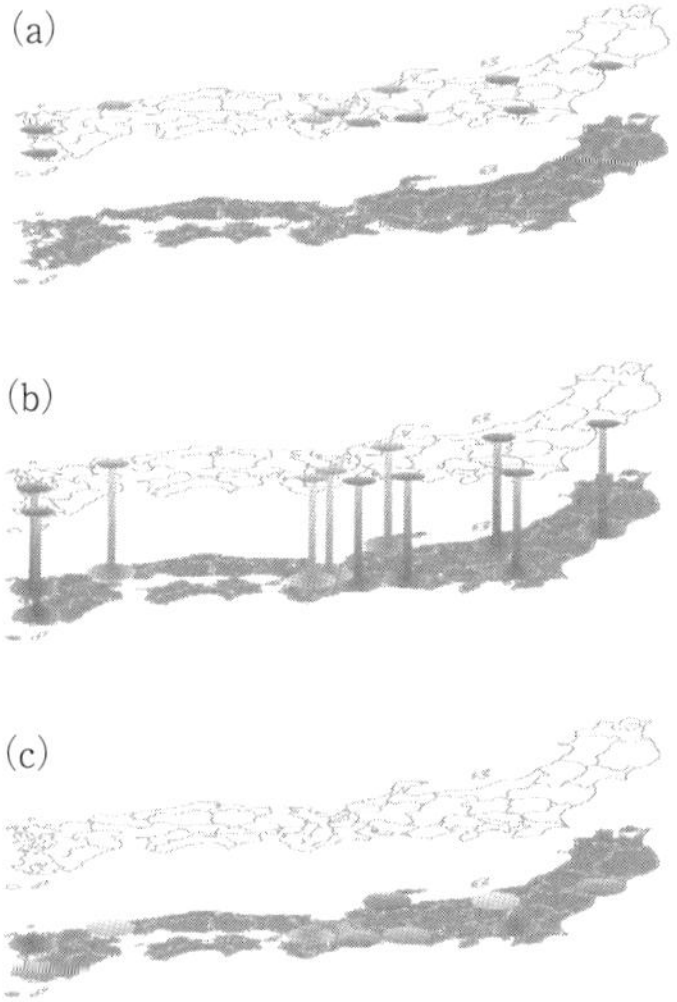

注：(a) 上層における離散的分布（聾唖教員の赴任），(b) 上層と下層の連続分布（聾唖教員より唖生への継承），(c) 下層における離散的分布（地域変種の派生）

出所：末森ほか（2014）。

遷論的事象を可視化した。この雨傘モデルの修正版により、西日本では東京系統、京都系統や大阪系統が重層的に混在する言語環境が窺われる。たとえば、西日本における有力聾唖学校の一つでもあった福岡盲唖学校の場合、「戦前聾唖教員名簿」に輯録されている福岡県立聾唖学校の聾唖教員は七名であり、出身校の内訳は東京聾唖学校が三名、福岡盲唖学校が四名である。しかしながら、東京聾唖学校出身者四名のうち二名は東京聾唖学校師範部に入る前は京都盲唖院に所属していたことが判明している。すなわち、福岡盲唖学校は東京系統と京都系統が混在する言語環境であったものとも考えられる。一方、昭和時代初期になると、京都市立聾唖学校（京都盲唖院の後身）出身者が各地の聾唖学校に赴任する例はほとんどなくなる。このような状況の下、京都系統は逆周圏論的変遷を辿った可能性もある。吉松（時田・吉松 二〇〇六、宇谷・吉松 二〇〇八）は時空系における仮構性ないし離散連続性という操作的定義に基づき、仮構性空間ないし連続離散空間の建築設計への応用を図った。日本手話の伝播事象における上層（聾唖教員を中心とする層）の連続性や仮構性と下層（唖生を中心とする層）の離散性を仮定することにより、離散連続体モデルの適用を図った。

図8-13(a)は東京聾唖学校ないし京都盲唖院出身者が全国各地の聾唖学校に赴任することにより、日本手話東京系統ないし日本手話京都系統の共通性（連続性）が保たれている様相を示している。すなわち、上層は空間的には離散的でありながら言語空間的には連続性を有するものと考

えられる。図8-13(b)は聾唖教員が赴任した聾唖学校において、唖生たちに各系統の日本手話が継承されていく様相を示している。ただ、様々な聾唖学校の唖生集団の間の連続性、すなわち下層における連続性は必ずしも担保はされていない。すなわち、上層の連続性と下層の離散性が表裏一体になった様相を可視化したものとも考えられる。図8-13(c)は昭和時代初期にみられる聾唖教員の減少に伴い、様々な聾唖学校の唖生集団における日本手話地域変種の派生が促進される様相を可視化したものとも考えられる。すなわち、近代初期における日本手話伝播事象の本質は、聾唖共同体における常に下層言語として位置づけられながら国内各地に伝播変遷した歴史的事実を可視化したものとも考えられる。

このように連続離散体モデルは前項の放射モデルないし雨傘モデルを立体的に拡充したものでもあり、明治時代中期より昭和時代初期における日本手話東京系統ないし日本手話京都系統の放射的かつ離散的な伝播事象や聾唖学校における日本手話地域変種の派生といった重層的動態を可視化し得るものとも考えられる。すなわち、離散連続体モデルは、上層の連続性だけにとらわれることなく、各地の地域変種も視野に入れ、日本手話全体の言語景観とその特徴を捉えようとするものでもある。このような言語景観は東京聾唖学校ないし京都盲唖院の威光を伴った日本手話東京系統ないし日本手話京都系統の放射の圧力と地方での地域変種派生のせめぎ合いあるいは共存の結果を示すものでもある。なお、このモデルは英語変種モデルの一つでもあるピラミッドモデルとも共通する点が多く見受けられる。

本章では近代初期の聾啞教育史関連史料の考証を通して、日本手話の成立過程における creoloid 性、伝播過程における双極焦点による放射性、離散性、仮構性を明らかにした。また、近代初期の聾啞学校における言語景観が狭義 diglossia を包含する広義 polyglossia を呈する可能性とともに、koinéization を包含する可能性を検証した。このような手話歴史言語学も系譜化の一環として位置づけることが可能であり、日本手話がどのように生まれ、どのように日本の各地に伝わっていったのかということを視覚的に把握できるように計らっていくことは手話歴史言語学の社会言語学的領域への拡充を図っていくためにも大切であろう。

8　新たな学問の枠組みの構築に向けて

本章では「生命科学における手話語彙」「言語系統樹――手話単語と指文字」「語彙史――聾啞と手話」「書誌学――松村精一郎および『万国地誌階梯』」「非文字史料における聾啞表象」「手話歴史言語学」それぞれの題目における系譜化作業およびその結果明らかになったことを述べた。聾者や手話に関わりのある題目は本章で紹介した題目をみても実に多岐にわたっており、今後も様々な文字史料および非文字史料の発掘およびそれらを題材とした題目が研究されていくことであろう。しかし、それらに通底することは系譜化という概念とそれに立脚した作業であり、それは次世代の聾者を育てていく上でも必要な作業である。しかしながら、このような作業に勤しめる次世代の聾者を育てていくためには、聾者が手話で精神的な負担を覚えることなく手話を通して指導を受け、自由闊達に教官や同級生たちと手話で議論を戦わせることができるような環境が求められる。このような環境で系譜化という概念を育むことにより、日本語を第一言語とする人たちとは異なった視点・視座を提供することが期待されよう。書記体系を持たない手話言語を通して文字史料や非文字史料に接する作業を通した次世代の聾者の育成を図ることにより、人文社会系と自然科学系の枠を超えた新たな学問の枠組みが生まれてくる可能性があることを強く主張して本章を終えることにしたい。

参考文献

井上史雄（二〇〇九）「ことばの伝わる速さ——ガンポのグロットグラムと言語年齢学」『日本語の研究』5（3）、一七-三二頁。

上野益雄（一九九一）『十九世紀アメリカ聾教育方法史の研究——1840～1860年代を中心に』風間書房。

宇谷淳・吉松秀樹（二〇〇八）「離散連続体を用いた建築設計手法」『2008年度修士設計梗概集　東海大学工学研究科建築学専攻』。

岡本稲丸（一九九七）『近代盲聾教育の成立と発展——古河太四郎の生涯から』日本放送出版協会。

岡山凖（一九三五）「日本聾唖史稿」『東京聾唖学校紀要 第二輯』東京聾唖学校、一―三六頁。

神田和幸（一九八四）「手話のダイグロシア」『日本福祉大学研究紀要』62、一一九―一四四頁。

末森明夫（二〇一〇）「手話言語基礎語彙比較対照資料の可視化　語彙近似値群の群解析」『日本手話学会第36回大会予稿集』日本手話学会。

末森明夫（二〇一一a）「同源語ニ進系列および最尤法による手話言語系統樹の作成」『日本手話学会第37回大会予稿集』日本手話学会。

末森明夫（二〇一一b）「『万国地誌階梯』の書誌学的考察」『14回日本聾史学会東京大会予稿集』日本聾史学会。

末森明夫（二〇一二a）「新版指形五十音」『関東聾史研究会会報』一（一）、六頁。

末森明夫（二〇一二b）「指数字掲載写本の書誌情報」『関東聾史研究会会報』一（二）、一一―一三頁。

末森明夫（二〇一二c）「キリシタン版対訳辞書群及び洋学資料対訳辞書群における聾唖関連語彙」『日本障害学会第09回大会予稿集』日本障害者学会。

末森明夫（二〇一二d）「日本聾教育黎明期における指文字及び手真似文字の系譜」『日本手話学会第38回大会予稿集』日本手話学会。

末森明夫（二〇一三a）「明治時代初期より昭和時代初期における日本指文字群の系譜」『歴史言語学』二、二一―五四頁。

末森明夫・新谷嘉浩・高橋和夫（二〇一三b）「聾唖図像学の構築――中近世非文字史料の聾唖可視化事象における比喩および寓意」『日本障害学会第10回大会予稿集』日本障害学会。

末森明夫・新谷嘉浩・中根伸一（二〇一四）「日本手話成立伝播攷―― Creoloid 性および跳躍的伝播」『歴史言語学』三、二一―五二頁。

末森明夫・新谷嘉浩（二〇一五）「キリシタン版対訳辞書群における聾唖関連語彙」『国語語彙史の研究』三四、二六一―二七八頁。

末森明夫（二〇一六）「キリシタン版対訳辞書群における聾唖関連語彙　補遺」『聾史研究』二、三-二二頁。

末森明夫・新谷嘉浩・高橋和夫（二〇一六）「《豊国祭礼図屏風》「非人施行」における障害者表象及び聾唖表象」『障害学研究』11、一八二-二〇七頁。

関根只誠編（一九二五）「大石真虎」『浮世絵百家伝』六合館、一二九-一三二頁。

高橋和夫（二〇一三）「明治時代初中期における図解英和辞典類の聾唖図像」『聾史会報』42、六-一〇頁。

田上隆司・パン、F. C. 編（一九七六）『手話をめぐって』文化評論出版。

土屋武久・本多吉彦（二〇一一）「Singlish の creoloid 性についての一考察——言語進化連続体のフレームワークを超えて」『武蔵大学人文学会雑誌』42(3)、一〇一-一一八頁。

時田隆佑・吉松秀樹（二〇〇六）「連続離散空間モデルによる建築設計手法」『２００６年度修士設計梗概集　東海大学工学研究科建築学専攻』。

鳥井正之助（一八八七）『英語独学——通弁自在・正則画引』須原屋花説堂。

永井猛（二〇〇二）『狂言変遷考』三弥井書店。

パン、F. C.・田上隆司編（一九七八）『手話の諸相』文化評論出版。

山本正志（二〇〇五）『ことばに障害がある人の歴史をさぐる』文理閣。

渡辺保（一九九七）『黙阿弥の明治維新』新潮社。

Jenkins, J. ed. (2009) *World Englishes: A resource book for students* (*2nd ed.*), Routledge.

Platt, J. T. (1975) "The Singapore English speech continuum and its basilect "Singlish" as a "creoloid"." *Anthropological Linguistics* 17(7), pp. 363-374.

Suemori, A. (2010) "Lectures on the bioscience with Japanese sign language" *Deaf Academics and Researchers Conference*.

Suemori, A. (2012) "The first deaf president of a Japanese school for the deaf was a scholar of Western studies"

Deaf History International Conference.

Suemori, A. (2013) "A phylogenetic approach to fingerspelling variation reveals the origin of hieroglyphic letters" *TISLR11.*

Suemori, A. (2014) "Matsumura Sei-ichirô: The first deaf president of a Japanese school for the deaf" Snoddon K. (ed.) *Telling Deaf Lives,* Gallaudet University Press, pp. 74-86.

終　章　「手話による教養大学」にみる大学教育の本質

斉藤くるみ

1　大学教育とダイバーシティー

大学教育の定義については様々な考え方があるが、知性を磨く場であることには異論がないであろう。それが高度な専門性をもった職業人を育てることを主眼とするにせよ、良き市民を育てることを主眼とするにせよ、大学は知的な訓練の場であり教養を身に付ける場である。教養はよき職業的・学究的専門家になるために必要な基礎的能力だという考え方と、専門とは自らの教養を試し、活かす場であるとする考え方があるが、いずれにせよ教養教育は大学教育とほぼ同義であると私は考えている。

「ろう者の大学事始め」は、元々ろう者に、母語で大学教育を提供することが目的だった。それを本当に大学の単位としていくには、どのような分野を中心とする大学・学部のろう者でも受講できる最大公約数的な科目を並べることから始めるのがよいと考えた。それがまさにいわゆる教養科目だったので、いつの間にか誰からともなく「手話による教養大学」と呼ぶようになった。

最近ダイバーシティー（多様性）の時代ということばをよく聞くが、それは国際化社会を念頭に置いて語られることが多い。私が学んだ国際教育を看板とする教養学部の単科大学では、一九七〇年代から、まさに「ダイバーシティー」という言葉がキーワードだった。第1章でも述べたように、ろう文化を異文化と捉え、「日本手話」を外国語と捉え、そして日本語話者としての聴者をマジョリティー、日本手話者としてのろう者をマイノリティーと捉えることは、私が多様性を重んじる国際教育を提供する教養学部の単科大学（当時日本では国際基督教大学のみであった）で学んだからであり、その後イギリスの伝統的大学（ケンブリッジ大学）でマイノリティーとして生きたからだと思う。帰国後まもなくろう者とその言語「日本手話」に出会ったことは、人生最大の幸運であったと思う。

教養人であるために、多様性を体験することは必須である。それは自分が当然と思っていることが、数多くの考え方の一つにすぎないことを知り、別の考え方の存在を知り、それを受け入れることである。様々な学問分野にふれることは、自分の無知を知り、好奇心を目覚めさせ、学ぶ意欲を高めることにつながる。そこで自ら学べる、一生学び続ける教養人の一歩を踏み出すのである。古今東西、あるいは宇宙の外にまでも思いを馳せることは、真実を、真理を探究することである。

ろう者と聴者が共に学ぶことは、常に多言語環境である。そしてモーダリティーの違う言語が共存することは、認知構造という点でも多様なのであり、その「違い」は日本語話者と英語話者の違いどころではない。聴者である学生にとって、認知的外国語である「日本手話」と認知的異文化であるろう文化の大学教育への導入と確立の動機・理念は、教養教育の真髄、大学教育の真髄だと思う。しかも、これらは自然に、必然的に生まれる言語・文化であり、人間の言語というものの自然な形、言語の本質、そして文化が生まれる必然性を見せてくれるのである。今まで日本社会事業大学以外に、早稲田大学、東京大学、東京女子大学で、日本手話やろう文化をテーマにする講義を担当してきたが、このテーマに初めて出合う学生たちの驚きや興奮や好奇心、ときには反発を、そして講義が終了する半年後、あるいは一年後に一人ひとりの学生がどれほど視野を広げ、知性を磨いたかを、毎年毎年、私は感動とともに見守ってきた。勿論学生によって興味はまちまちで、日本手話という言語そのものに興味を示す学生、人権問題に興味を示す学生、脳科学に興味をもつ学生、ろう教育に興味をもつ学生、法律や政策に興味をもつ学生、手話の芸術に興味を示す学生……様々であるが、それに堪えるだけの材料がこの分野にはある。それは抑圧された過去や、それにもかかわらず、強く生き延びてきたろう者の歴史と無関係ではないだろう。学生が情熱をもつのは、私がこの分野に魅力を感じて、次々と研究への意欲をかきたてられているからもあるであろう。大学時代を思い出すに、教授がその研究に情熱をもっていればその情熱はじかに伝わってきた。それが大学教育である。教授の意欲をじかに感じ、共感すること、これもまた大学教育の本質である。

2　教養教育とマイノリティー

ろう者に限らずマイノリティーについて学ぶことは格好の教養教育になる。日本社会事業大学の教養教育の教員たちは、大学の近所のハンセン病療養所に学生を連れて行き、元患者の方々と交流させたり、資料館で調べものをさせたりしている。教員自身も自分の分野を活かしたハンセン病研究をして、チェーンレクチャーで披露したりしている。若い学生にとって、まさに未知との遭遇であり、素晴らしい教養教育になっている。

日本手話の教育は、言語であるがゆえの特有な現象を示す。ろうの世界に留学した聞こえる学生は突如マイノリティーになる。「日本手話」の授業ではろう者の先生に、手話を厳しく直される。「日本手話」が好きになり、どんどんうまくなっていく学生には、「日本手話による教養大学」の外でも、それを自慢したくて、これ見よがしに、日本手話ができない学生たちを無視して、おかまいなしに、誇らしげに手話で話し、嫌われることがある。英語がうまくなると自慢したくなるのとてもよく似ているので、苦笑しながら、またときにほほえましく思いながら私は眺めている。日本社会事業大学においては、日本手話力は日本社会での英語のように、自慢の種であり、できない人から見るとイヤミになるということだ。もちろんまだまだ口話や日本語対応手話をもって入学して来る学生が多いことを考えると、日本語対応手話の勢力が強くなる可能性はある。しかし、石井氏も書いている通り（第4章）、日本手話の認知が高まれば、日本手話か日本語対応手話かという問題は小さくなっていくのであろう。聞こえる学生の手話がどうしても日本語対応手話になるのは、日本人の英語が日本人特有のエラーをもつのと同じである。

多文化共生とは、マイノリティーが簡単に「歩み寄らない」ことだと私は考えている。特に共通言語とか国際語などというものを考えるときに、「歩み寄る」とは、ほとんどの場合マイノリティーがマジョリティーの言語を使うことである。マイノリティーは知らず知らずにマジョリティーに歩み寄っている。マジョリティーにとってもマイノリティーにとっても、それが便利だからである。しかし、「便利である」というときに、これもまたマジョリティーにとって便利なのであるが、マイノリティーもそれを便利と思ってしまう。それはマジョリティーの言語や文化が動かしがたいからである。そこでマイノリティーが自らの言語と文化を押し通せばたしかに双方不便であることは間違いない。口話は便利だとろう者も言う。日本語対応手話も聴者に便利だから広く使われているのである。マイノリティーが歩み寄る限り「便利」が人権侵害、少なくとも不公平であることにマジョリティーは気づかない。

人類の世界は多様性に満ちており、そして多様性の中では必ず強者と弱者が生まれる。価値はマジョリティーによってつくられ、それに疑いをもつことは、マイノリティーにとってさえ難しい。多様性の中でこそ、そのことに気づくことができ、教養がはぐくまれ、人権感覚が育つ。その意味で「手話による教養大学」の存在は大学教育の本質を教えてくるのである。

あとがき

「ろう者の高校事始め」の第一期生の中には無事大学を卒業し、大学院で勉強している人もいる。多くの聞こえない子どもが大学進学など考えたこともないのは、聞こえる子どもの言語で教えられるからであり、自分の言語で学べれば、大学生にでも、大学院生にでもなれるのだ。「手話による教養大学」は本書でご覧いただいたように、学識あるろう者の教授陣に支えられ、進学を果たしたろうの学生や大学教育を受けたいと思っていた社会人たちを、豊かな学問の世界に誘っている。二〇一六（平成二八）年三月には、日本初の日本手話画像による修士論文に修士号が授与された。「日本手話」が大学の講義や論文執筆等には堪えないという長年の考えは偏見でしかなかった。

「日本社会事業大学聴覚障害者大学教育支援プロジェクト」は偏見に苦しむ日本手話者や、聞こえない子どもたちを救っていると言われると勿論ありがたい。日本最古の社会福祉の大学の建学の精神、「博愛の精神に基づく社会貢献」「社会福祉の理論を窮めた社会福祉実践」と言われることは喜ぶべきことであろう。

しかし、あえてここで言いたいのは、このプロジェクトは、聞こえない大学生、あるいは大学を目指す聞こえないろう児の「ためになっている」というパターナリズムから脱却しなければならない。そうでなければ日本社会事業大学の三つ目の建学の精神「異なる文化、異なる民族、異なる国籍の人々と共に生きる社会の創出」は達成できない。

聞こえない子どもたちが大学進学することを諦めず、まして当事者ソーシャルワーカー、当事者ろう学校教師、当事者通訳に望まれていることを知り、希望に輝いて勉学に励むのを見るのは確かに嬉しい。しかし、最も充実感があるのは、このプロジェクトを通して、聞こえる学生が、聞こえない世界に魅せられ、未知なる世界に好奇心を燃やし、真の教養人になっていく姿を見ることである。それこそが、大学教育の真髄であると私は思うのである。

二〇一七年一月

斉藤くるみ

欧　文

た　行

な　行

索　引

あ　行

か　行

さ　行

執筆者紹介（執筆順，所属，執筆分担，＊は編者）

＊斉藤《さいとう》くるみ（編著者紹介参照：序章・第１章・第２章・終章）

田門《たもん》 浩《ひろし》（都民総合法律事務所弁護士：第３章）

石井《いしい》 靖乃《やすのぶ》（日本財団ソーシャルイノベーション本部上席チームリーダー：第４章）

高山《たかやま》 亨太《こうた》（ギャローデット大学ソーシャルワーク学部助教：第５章）

中野《なかの》 聡子《さとこ》（大阪大学キャンパスライフ健康支援センター講師：第６章）

森《もり》 壮也《そうや》（ジェトロ・アジア経済研究所開発センター主任調査研究員：第７章）

末森《すえもり》 明夫《あきお》（国立研究開発法人産業技術総合研究所主任研究員：第８章）